Gäste sagen, wie es wirklich is(s)t.

SYLT

AMRUM · FÖHR

Restaurant Report 2011/2012

Alle regionalen Marcellino's auf einen Blick:
Berlin, Bremen, Dresden, Düsseldorf, Frankfurt,
Hamburg, Hannover, Köln, Leipzig, Mallorca, München,
Nürnberg, Rhein-Neckar, Ruhrgebiet, Stuttgart und Sylt.

Und alle überregionalen Marcellino's:
Bar & Nightlife, Best Price, Deutschland Report,
Hotel Report, Kulinarische Ausflüge und Zum Italiener.

marcellinos.de
Surfen und Mit-Testen!

Hot Places: Frank verrät Diana gerade, woher er diesen tollen Restaurant-Tipp hat. Von Marcellino's.

Jetzt neu: Die Hot Places der Stadt.
Marcellino's – der Restaurant-Führer.
Viel Genuss. Null Risiko.

DIE BESTEN RESTAURANTS:
Viel Genuss für jeden Geldbeutel. Profitieren Sie vom kritischen Blick unserer Redakteure und von der Erfahrung anderer Gäste. Denn: Gäste sagen, wie es wirklich is(s)t.

TOLLE TIPPS FÜR JEDEN ANLASS:
Marcellino's verrät Ihnen, wo es sich wirklich lohnt. Ob rassiger Italiener, trendige Hot Places oder etwas ganz Besonderes.

JETZT NEU IM BUCHHANDEL:
18 verschiedene Marcellino's erscheinen jedes Jahr neu. Im praktischen Taschenbuchformat. Auch als Online-Premium und iPhone-Apps.

MALLORCA
SYLT
BAR & NIGHTLI
BERLIN
BEST PRICE

BREMEN
DEUTSCHLAND
DÜSSELDORF
FRANKFURT
HAMBURG
HOTEL REPORT
KÖLN
LEIPZIG
MÜNCHEN
NÜRNBERG
RUHRGEBIET
STUTTGART
ZUM ITALIENER

Liebe Genießer!

Kontroverse Diskussionen sind vorprogrammiert bei Sylt, dem nördlichsten Eiland Deutschlands. Aber eines ist klar: Was beim Fußball für den FC Bayern München gilt, gilt (nicht nur) bei Nordsee-Urlaubern für Sylt: Sie ist die beliebteste Insel des Landes.

Ebenso wie das Publikum – vom besserverdienenden Porschefahrer bis zur strandurlaubenden Familie – gibt sich die Gastronomie vielschichtig. Und so wandert man zwischen den Welten: von der Best-Price-Küche mit rustikalem Friesencharme hinüber zu exquisiten Gourmetfreuden im 1-a-Design-Ambiente.

Langjährige Gäste erfreuen sich immer wieder an den Klassikern wie „Gogärtchen" in Kampen, den Kreationen von „Jörg Müller" in Westerland oder probieren die Küche im neuen „Breizh" (Hörnum) aus.

Aus Alt mach Neu. Das Gastro-Karussell dreht sich auch auf Sylt. Neben dem „Isola im Kaamp Hüs" steht auch der „Rauchfang" in Kampen unter neuer Leitung. Und die Macher wissen zu begeistern, Stammgäste zu halten und neue Kundschaft mit gutem Service an Land zu ziehen. Qualität zählt und zahlt sich hier ganz besonders aus.

Wer's ruhiger mag, der ist auf den beiden Nachbarinseln Amrum und Föhr genau richtig. Man geht gelassener zu Werke und braucht weniger Lametta. Dennoch schätzt die bunt gemischte Gästeschar die hohe Qualität und die Vielfalt wie im „Zum alten Heinrich" und im „Weltenbummler" auf Amrum oder in „Lauras Restaurant" und im „kleinen Witt" auf Föhr.

Die heißesten Plätze! Wir haben sie gesucht, Sie haben abgestimmt. Kurz vor Drucklegung durften die Gäste selbst noch einmal ran. Pro Stadt oder Region standen die 20 spannendsten, tollsten, kreativsten Restaurants zur Wahl. Es wurde online abgestimmt und nicht selten war das Ergebnis mehr als knapp. Hot Places – den Sieger für Ihre Insel finden Sie in dieser Ausgabe.

On the go! Auch wir bleiben in Bewegung. Kommen Sie doch mit. Legen Sie sich unsere generalüberholte iPhone-App zu. Die gibt's für alle Metropolen sowie Sylt, Mallorca und für ganz Deutschland. So findet jeder sein perfektes Dinner auch unterwegs. Bleiben Sie neugierig!

Herzlichst Ihr

Marcellino & Team

mail@marcellinos.de

PS: Am besten jetzt sofort: Testen Sie mit! Denn „Gäste sagen, wie es wirklich is(s)t." Den Testbogen für Sie und Ihre Freunde finden Sie am Ende des Buches. Oder kostenlos und schnell anmelden unter marcellinos.de.

LECKER-BISSEN FÜR CELEBRITY-FANS.

 DAS EXKLUSIV-MAGAZIN DER STARS

Jeden Donnerstag neu!

DIE ERFOLGSSTORY

Alles begann mit einem kleinen, roten Notizbuch. Immer wenn Marcellino Hudalla hungrig war, fielen ihm nur die ewig gleichen drei Restaurants ein. Wie langweilig! Das Notizbuch war die Lösung: Hier notierte Marcellino nach jedem Besuch eines neuen Restaurants sein kritisches Urteil. Schnell wurde er ein gefragter Tipp-Geber. Alle wollten eine Kopie.

Frei nach dem Motto „Nichts ist umsonst" hatte Marcellino eine folgenreiche Idee: Für jede Kopie verlangte er sieben kritische Tipps. Doch was machen mit dieser Fülle an Restaurant-Tests? Die Antwort fand sich 1987: „Marcellino's Restaurant Report Düsseldorf 1988" war erfunden. „Gäste sagen, wie es wirklich is(s)t" wurde gedruckte Realität.

Heute gilt mehr denn je: Die Gäste-Tests sind die Grundlage der jährlich erscheinenden 20 Ausgaben „Marcellino's Restaurant Report".

Die Namensgeschichte

Und woher kommt der Name Marcellino? 1957 erzählte ein italienischer Gastwirt der Familie Hudalla eine Geschichte. Beim Anblick des kleinen Marcellus (benannt nach dem gleichnamigen Krieger) war der Wirt erstaunt.

Dieser Junge war doch kein Krieger – eher ein „Marcellino", wie aus der Geschichte „Marcellino pane e vino". So erzählte der Wirt von dem Findelkind Marcellino, das vor vielen Jahren in einem italienischen Kloster aufgezogen wurde. Marcellino fand unter dem Dachboden einen Mann, der schrecklich hungrig und durstig aussah – Jesus Christus am Kreuz. Marcellino stibitzte aus der Küche Brot und Wein für seinen neuen Freund.

Und so war für Marcellino Hudalla ein Beruf, der etwas mit Essen & Trinken zu tun hat, einfach vorbestimmt. Doch dass der kleine Marcellino Namensgeber für den erfolgreichsten deutschen Restaurant-Report werden sollte, ahnte damals keiner.

INHALT

EDITORIAL Seite 3

SCHNELLKURS Seite 11
Alles über Punkte & Symbole.

HOT PLACES Seite 13

TOP 10
Die Highlights, ausgewählt von unseren Gäste-Testern.
Luxus Top 10 . . . . Seite 15
Premium Top 10 . . . . Seite 17
Moderat Top 10 . . . . Seite 18
Best Price Top 10 . . . . Seite 19
Sexy Food Top 10 . . . . Seite 21
Lieblings-Italiener Top 5 . . . . Seite 23
Schlemmen mit Freunden Top 5 . . . . Seite 25
Gute-Laune-Lokale Top 10 . . . . Seite 26
Bar Top 10 . . . . Seite 27

IHR TESTBOGEN Am Ende des Buches
MARCELLINO'S TESTER ab Seite 127
Alle, die mitgemacht haben. Wo ist Ihr Name?

RESTAURANT-ABC ab Seite 40
In alphabetischer Reihenfolge die besten & beliebtesten Restaurants, Bars & In-Treffs, die unsere Gäste-Tester bewertet & kommentiert haben.

IN LETZTER MINUTE Seite 38
SYLT-SERVICE ab Seite 111

SERVICE
Location-Index . . . . . ab 30   Impressum 126
„Lust auf . . ."-Index   ab 143   Orte-Index . . . . ab 165

SEIT 5 JAHREN DAS EINZIGE GADGET-MAGAZIN IN DEUTSCHLAND

Abonnement nur 2,50 Euro anstatt 5,00 Euro www.stuff-mag.de

INHALT

LUST AUF ... -INDEX

A
Ausflugsziel 144

B
Bar & Nightlife 145
Beliebt im Viertel.... 145
Bio 145
Bis 3 dabei 145
Bistro 145
Brunch 146

C
Café 146

D
Deutsch-bürgerlich .. 146
Deutsch-französisch . 146
Deutsch-mediterran.. 146
Draußen sitzen 147
Draußen sitzen –
Biergarten......... 150

E
Elsässisch 150

F
Feinkost-Imbiss..... 150
First Date 150
Fisch 150
Französisch........ 150
Frühstück nach
12 Uhr 150

G
Gay.............. 151
Geschäftsessen 151
Große Runde 152

H
Hoher Flirtfaktor 153
Hotels............ 153

I
Imbiss............ 154
In-Treff........... 154
International 154
Italienisch......... 154

K
Kinderfreundlich 155

L
Leute gucken 156

M
Mediterran 157
Mehr erleben –
Essen am Wasser.... 157
Mehr erleben –
Essen im Grünen 157
Mehr erleben –
tolle Aussicht....... 158
Mehr erleben –
über den Dächern.... 158

N
Neue deutsche Küche . 158
Neue internationale
Küche 160

P
Parken vor der Tür ... 160
Pay-TV-Sportsbar.... 161

R
Rauchen erlaubt..... 161
Regional........... 161
Romantik.......... 161

S
Sehenswertes
Ambiente.......... 162
Sexy Food 162
Shop & Stop........ 163
Stark für den Euro ... 163
Szene & Gourmet 163

T
Tapas-Bar 164
Typisch für die Stadt . 164

V
Vinothek 164

W
W-LAN Hotspot 164
Weinstube 164

Schenken

... aber was?

Ihr Liebling – der beste Freund – Ihr Lebensretter – die liebe Schwiegermutter – Ihr erstes Date – der nette Nachbar – der Blumenhasser – der „Ich-hab-doch-alles" – der Genießer – oder einfach Sie selbst!

Berlin
Bar & Nightlife
Best Price
Bremen
Deutschland
Düsseldorf
Frankfurt
Hamburg
Hotel Report
Köln
Leipzig
Mallorca
München
Nürnberg
Ruhrgebiet
Stuttgart
Sylt
Zum Italiener

Im Shop bei www.marcellinos.de – und überall, wo es Bücher gibt.

SCHNELLKURS

PUNKTE & SYMBOLE
Bei Marcellino's testet der Gast.* Der Lokalredakteur checkt.

Die Highlights unter den Restaurants in vier Preisklassen:

Die Rangfolge ergibt sich aus den Punkten für 1) Essen, 2) Trinken, 3) Service, 4) Atmosphäre und 5) Anzahl der Tests.

BRANDNEU: HOT PLACES!

Tolle Neueröffnung, spannendes Konzept, alteingesessenes Traditionshaus mit Pfiff oder kreativste Küche am Platz: Wir haben den heißesten Platz des Jahres gesucht und gefunden. Nominiert wurden 20 Locations und die Gäste-Tester haben beim Online-Voting abgestimmt.

DER BUCH-AUFBAU

WIE FINDE ICH EIN LOKAL?
Marcellino's sind alphabetisch nach Orten sortiert. Die regionalen Reports führen zuerst die Metropolen auf, dann die Orte in der Umgebung. Zur Vereinfachung steht „Trattoria Marcellino's" bei „Marcellino's, Trattoria". Dasselbe Prinzip gilt für „Café" oder „Gasthaus".

WER KOMMT INS BUCH?
Entscheidend ist die Anzahl der abgegebenen Gäste-Tests. Je größer die Anzahl der Meinungen, desto höher ist die Chance, im Marcellino's vertreten zu sein.

DIE HITPARADEN
Marcellino's großer Clou: Gäste sagen, wie es wirklich is(s)t. Aus ihrem Gäste-Urteil ermitteln wir die Hitparaden der Preiskategorien „Luxus", „Premium", „Moderat" und „Best Price". Das ist kulinarische Demokratie.

RESTAURANT-ABC
Das Filet-Stück von Marcellino's. Hier finden Sie die knackig-frischen Kommentare mit allem Wissenswerten über die Location. Gewürzt und abgeschmeckt mit den O-Tönen unserer Gäste-Tester. Damit Sie wissen, was Ihnen aufgetischt wird.

DINNER-BUDGET
Endlich Preis-Sicherheit. Bei jedem Restaurant finden Sie den Durchschnittspreis für einen Abend. Inklusive Vorspeise, Hauptgericht, Wein, Wasser und Espresso.

KARTEN
Aus Platzgründen haben wir gekürzt. A: American Express, D: Diners Club, M: Mastercard, V: VISA, E: EC-Karte

DIE INDIZES
Die Indizes machen Ihnen Lust auf viele Ideen, die durch den Magen gehen – und Sie behalten immer den Überblick.

*Sie wollen auch testen? Testbogen am Ende des Buches oder www.marcellinos.de

Reise sonntags mit dem Kopf um die Welt. Und später mit dem Rest hinterher.

SONNTAG Unser Reise-Teil ist mit das Schönste am Sonntag – weil man damit planen kann, dorthin zu fahren, wo immer Sonntag ist: in die Ferien. Und das Beste: WELT am SONNTAG kommt zu Ihnen nach Hause gereist. Jetzt 4 x kostenlos: 0 800/8 50 80 30*.

Gebührenfrei aus dem deutschen Festnetz.
Oder einfach unter www.wams.de/lesen

EIN BESONDERER TAG VERDIENT EINE BESONDERE ZEITUNG:

HOT PLACES

2010

Ob spannendste Neueröffnung, innovativstes Konzept, beste Tradition, kreativstes Restaurant oder, oder, oder ... Die Besten wurden nominiert und beim Online-Voting haben die Gäste-Tester entschieden. Der Gewinner ist ...

Der Sieger	Seite

SANSIBAR 62

Von der einfachen Strandbude zum beliebtesten Szene-Treff der Insel. Bei Herbert Seckler tummelt sich, was Rang und Namen hat. Die Devise: Sehen und gesehen werden.

Die Nominierten	Seite
EBBE & FOOD	76
FÄHRHAUS	59
FITSCHEN AM DORFTEICH	66
HARDY AUF SYLT	78
HEINRICH, ZUM ALTEN	93
INGO WILLMS	79
JÖRG MÜLLER	80
KAI3	42
KIEK IN	80
MANNE PAHL	48
MIRAMAR, RESTAURANT	83
MORSUM KLIFF	58
SEEPFERDCHEN SAMOA	63
SÖL'RING HOF	64
STADT HAMBURG, RESTAURANT	88
STRÖNHOLT	44
STURMHAUBE	49
SUNSET BEACH	89
TAMPE'S RESTAURANT	69

Charity
by pane e vino e.V.

Der Reiche isst, wenn er mag, der Arme, wenn er kann.

Hilfe zur Selbsthilfe
Wie? Ganz einfach:

Kaufen Sie eine CD!
Charity-Rock vom Gourmet-Guru

Besuchen Sie
www.marcellino-friends.de
Downloads, Videos und
Konzerttermine

Oder spenden Sie einfach!
pane e vino e. V.
Konto 200 4490 112
TARGOBANK Z 300 209 00
www.marcellinos.de/charity

€€€€ LUXUS

TOP 10

10 Sterne am Himmel der Spitzen-Gastronomie. Hier zeigt sich, wer in der Kategorie „Luxus" mit einem Dinner-Budget über 50 € glänzt.

Platz	Vorjahr	Restaurant	Seite
1.	(2)	JÖRG MÜLLER *Neue internationale Küche* Westerland	80
2.	(1)	SÖL'RING HOF *Französisch* Rantum	64
3.	(4)	FÄHRHAUS *Neue internationale Küche* Munkmarsch	59
4.	(3)	BODENDORF'S *Mediterran* Tinnum	65
5.	(5)	SANSIBAR *Neue internationale Küche* Rantum	62
6.	(8)	STADT HAMBURG, RESTAURANT *Neue internationale Küche* Westerland	88
7.	(7)	BENEN-DIKEN-KÖKKEN *Neue internationale Küche* Keitum	51
8.	(6)	FRANZ GANSER *Neue internationale Küche* Westerland	77
9.	(9)	KARSTEN WULFF *Neue deutsche Küche* Keitum	53
10.	(-)	STRICKER, RESTAURANT *Neue deutsche Küche* Sylt	66

DUTY FREE

Der Himmel für Gourmets:

Heinemann Duty Free.

Ein ausgezeichnetes Wein- und Spirituosensortiment, Feinschmecker-Schokoladen u.v.m. zu Duty Free Preisen. Und als besonderes Highlight: Die HEINEMANN „Special Offers" – wechselnde Produkte jeden Monat um **30% reduziert**.

Sie finden uns an den Flughäfen: Frankfurt, Düsseldorf, Hamburg, Berlin Schönefeld, Berlin Tegel, Saarbrücken, Köln, Hannover, Frankfurt Hahn, Dortmund, Leipzig, Dresden, Erfurt und unter **heinemann-dutyfree.com**!

€€€ **PREMIUM**

Voilà: Das sind die 10 Spitzenreiter in der Preisklasse „Premium". Hier liegt das Dinner-Budget zwischen 35 und 50 €.

Platz	Vorjahr	Restaurant	Seite
1.	(-)	OLIVE *Mediterran* Wenningstedt	68
2.	(1)	KIEK IN *Neue internationale Küche* Westerland	80
3.	(3)	HARDY AUF SYLT *Elsässisch* Westerland	78
4.	(2)	TAMPE'S RESTAURANT *Neue deutsche Küche* Wenningstedt	69
5.	(-)	ALTER GASTHOF *Neue deutsche Küche* List	55
6.	(4)	RISTORANTE, IL *Italienisch* Westerland	85
7.	(-)	INGO WILLMS *Neue internationale Küche* Westerland	79

Platz	Vorjahr	Restaurant Umland	Seite
1.	(-)	DER KLEINE WITT, BISTRORANT *Neue deutsche Küche* Nieblum	96
2.	(-)	SEEBLICK *Neue internationale Küche* Norddorf	94
3.	(-)	HEINRICH, ZUM ALTEN *Neue internationale Küche* Norddorf	93

€€ MODERAT

Ihre 10 Sieger nach Punkten im moderaten Preissegment. Hier liegt das durchschnittliche Dinner-Budget zwischen 20 und 35 €.

Platz	Vorjahr	Restaurant	Seite
1.	(1)	SCHACHNER, WEINHAUS *Vinothek* Westerland	86
2.	(-)	PIUS *Weinstube* Keitum	53
3.	(-)	ALTE BOOTSHALLE *Fisch* List	55
4.	(3)	RIVA *Italienisch* Westerland	86
5.	(2)	VOIGT'S ALTE BACKSTUBE *Deutsch-bürgerlich* List	57
6.	(5)	RICHTER'S RESTAURANT *Deutsch-mediterran* Rantum	62

Platz	Vorjahr	Restaurant Umland	Seite
1.	(-)	WELTENBUMMLER *Deutsch-mediterran* Steenodde	95
2.	(2)	ROCCA, LA *Italienisch* Wyk	102
3.	(3)	ALTES LANDHAUS *Deutsch-bürgerlich* Nieblum	96
4.	(-)	HÜTTMANN, DAS KLEINE *Bistro* Norddorf	93

€ BEST PRICE

TOP 10

Garantiert gut, garantiert günstig: Die 10 besten Restaurants mit einem Dinner-Budget, das im Schnitt unterhalb der 20-Euro-Marke bleibt.

Platz	Vorjahr	Restaurant	Seite
1.	(3)	LEYSIEFFER *Bistro* Westerland	80
2.	(4)	KAMPS CAFÉ *Café* Keitum	52
3.	(2)	DIAVOLO *Bistro* Westerland	75
4.	(5)	BLUM'S FISCHBISTRO *Bistro* Westerland	74
5.	(-)	SYLT-KANTINE *Bistro* Westerland	89
6.	(-)	KUPFERKANNE *Café* Kampen	47
7.	(-)	UTSPANN *Bistro* Westerland	90

Platz	Vorjahr	Restaurant Umland	Seite
1.	(-)	KLEIN HELGOLAND *Café* Wyk	101
2.	(2)	KOHSTALL, CAFÉ *Café* Nieblum	97
3.	(4)	ERWINS IMBISS *Bistro* Wyk	98

Schmeckt sexy
und hilft*)

Sexy Food Top 10.
Jetzt in allen 18 neuen Marcellino's.
*)gegen Langeweile

Sexy plus
10 REZEPTE
marcellinos.de

SEXY FOOD

TOP 10

Köstlichkeiten, ungewöhnlich und raffiniert. Niemals volle Teller, appetitliche Probierportionen. Die Karte verführt zu mehr. Zu mehr Genuss ohne Reue.

Platz	Vorjahr	Restaurant	Seite
1.	(2)	KAI3 *Neue internationale Küche* Hörnum	42
2.	(1)	SÖL'RING HOF *Französisch* Rantum	64
3.	(3)	BODENDORF'S *Mediterran* Tinnum	65
4.	(4)	FÄHRHAUS *Neue internationale Küche* Munkmarsch	59
5.	(-)	JÖRG MÜLLER *Neue internationale Küche* Westerland	80
6.	(6)	ALTES ZOLLHAUS *Mediterran* Westerland	72
7.	(-)	FITSCHEN AM DORFTEICH *Neue internationale Küche* Wenningstedt	66
8.	(7)	KÄPT'N SELMER STUBE *Neue deutsche Küche* Munkmarsch	60
9.	(8)	KIEK IN *Neue internationale Küche* Westerland	80
10.	(-)	KARSTEN WULFF *Neue deutsche Küche* Keitum	53

LIEBLINGS-ITALIENER

TOP 5

Ob Luxus, Szene oder familiär: Italienische Küche und mediterrane Lebensart sind beliebt wie noch nie. Grenzenloser Genuss der Cucina italiana, empfohlen von Campari.

Platz	Vorjahr	Restaurant	Seite
1.	(2)	OSTERIA, DIE *Italienisch: Familiär* Westerland	84
2.	(3)	RIVA *Italienisch: Familiär* Westerland	86
3.	(1)	RISTORANTE, IL *Italienisch: Edel* Westerland	85
4.	(-)	PERGOLA, LA *Italienisch: Familiär* Wenningstedt	68

CAMPARI
LIEBLINGS-ITALIENER
TOP 5

Platz	Vorjahr	Restaurant Umland	Seite
1.	(-)	CASA PICCOLI *Italienisch: Familiär* Niebüll	102

SCHLEMMEN MIT FREUNDEN

TOP 5

In geselliger Runde schmeckt das Besondere gleich noch mal so gut. Fröhlich beisammen sein und stilvoll genießen, das können Sie hier. Die besten Tipps für Schlemmerrunden mit Freunden – empfohlen von Franziskaner.

Franziskaner
WEISSBIER

SCHLEMMEN MIT FREUNDEN TOP 5

Platz	Restaurant	Seite
1.	EBBE & FOOD *Neue internationale Küche* Westerland	76
2.	MEERESBLICK *Deutsch-mediterran* Wenningstedt	68
3.	GRANDE PLAGE, LA *Deutsch-mediterran* Kampen	46
4.	BREIZH *Französisch* Hörnum	40

Platz	Restaurant Umland	Seite
1.	LIKEDEELER *Neue deutsche Küche* Nebel	92

25

GUTE-LAUNE-LOKALE

Stimmung pur! Hier sorgen die Mannschaft, die Gäste und das Surrounding für gute Laune. Das fröhliche und genussvolle Gesamtpaket.

GUTE-LAUNE-LOKALE TOP 10

Platz	Restaurant	Seite
1.	MANNE PAHL *Deutsch-bürgerlich* Kampen	48
2.	SANSIBAR *Neue internationale Küche* Rantum	62
3.	STURMHAUBE *Neue internationale Küche* Kampen	49
4.	KUPFERKANNE *Café* Kampen	47
5.	KARSTEN WULFF *Neue deutsche Küche* Keitum	53
6.	SUNSET BEACH *International* Westerland	89
7.	WONNEMEYER *International* Wenningstedt	70
8.	KAP-HORN *International* Hörnum	42
9.	GOGÄRTCHEN *Neue internationale Küche* Kampen	45

Platz	Restaurant Umland	Seite
1.	WELTENBUMMLER *Deutsch-mediterran* Steenodde	95

BAR

TOP 10

Klassische und fantasievolle Cocktails oder trendige Longdrinks, die entsprechende Atmosphäre und smarter Service: die 10 beliebtesten Bars.

BAR TOP 10

Platz	Vorjahr	Bar	Seite
1.	(2)	MIRAMAR, COCKTAILBAR *Klassische Bar* Westerland	82
2.	(5)	SCHUBERT'S LOUNGE *Lounge* Kampen	48
3.	(3)	54° NORD *Hotel-Bar* Westerland	70
4.	(-)	SUNSET BEACH *International* Westerland	89
5.	(-)	STRÖNHOLT *Neue deutsche Küche* Hörnum	44
6.	(4)	MANNE PAHL *Deutsch-bürgerlich* Kampen	48
7.	(-)	WIIN KÖÖV *Weinstube* Kampen	50
8.	(-)	GRANDE PLAGE, LA *Deutsch-mediterran* Kampen	46

Platz	Vorjahr	Bar Umland	Seite
1.	(2)	GLAUBE, LIEBE, HOFFNUNG *Szene-Kneipe* Wyk	99
2.	(-)	BLAUE MAUS *Kneipe* Wittdün	95

Ein besonderer Tag verdient eine besondere Zeitung.

SONNTAG Es ist der Tag, an dem uns niemand einen „Schönen Tag" wünscht, und wohl auch deshalb der schönste von allen: der Sonntag. Genießen Sie ihn mit einer Zeitung, die für diesen Tag gemacht ist. Vier Exemplare kommen kostenlos zu Ihnen und werden – fast – direkt bis ans Bett geliefert: Tel. 0800/8508030.

Gebührenfrei aus dem deutschen Festnetz.
Oder einfach unter www.wams.de/lesen

RESTAURANT-ABC

LOCATION-INDEX

13, DIE Neue deutsche Küche,
Wyk, Carl-Häberlin-Str. 13, (0 46 81) 16 13
54° NORD im Dorint Hotel, *Westerland* → 70
AARNHOOG TEE- & KAFFEE-STUUV, *Keitum* → 51
ACHTERDECK, DAT Restaurant und Klönstuv Friesisch,
Nebel, Uasterstigh 5, (0 46 82) 26 26
ADMIRALS STUBEN im Lindner Hotel Windrose,
Wenningstedt → 66
ALTE BACKSTUBE Teestube,
List, Süderhörn 2, (0 46 51) 87 05 12
ALTE BOOTSHALLE Gosch, *List* → 55
ALTE FRIESENSTUBE, *Westerland* → 70
ALTEN SCHMIEDE, ZUR Hotel Restaurant Friesisch,
Niebüll, Hauptstr. 27, (0 46 61) 9 61 50
ALTER GASTHOF, *List* → 55
ALTES LANDHAUS, *Nieblum* → 96
ALTES ZOLLHAUS, *Westerland* → 72
AMERICAN BISTRO International,
Westerland, Paulstr. 3, (0 46 51) 92 70 50
ARKO Bistro, Westerland, Friedrichstr. 20, (0 46 51) 2 35 81
AUSTERNFISCHER im Duus-Hotel, *Wyk* → 98
AUSTERNMEYER Restaurant-Probierstube, *List* → 56
BADEZEIT Strandrestaurant, *Westerland* → 72
BAM-BUS Beach-Bar, List, Weststrand 13, (0 46 51) 87 13 60
BENEN-DIKEN-KÖKKEN Benen-Diken-Hof, *Keitum* → 51
BIERSTUBE im Hotel Roth, *Westerland* → 73
BIIKE Restaurant, Bar, Lounge, *Hörnum* → 40
BISTROT, LE Französisch,
Nieblum, Bi de Süd 38, (0 46 81) 74 89 74
BLAUE MAUS, *Wittdün* → 95
BLOCK HOUSE Steakhaus,
Westerland, Neue Str. 1, (0 46 51) 88 67 20
BLUM'S Seafood Bistro, *Westerland* → 73
BLUM'S FISCHBISTRO am Gaadt, *Westerland* → 74
BLUM'S FISCHSPEZIALITÄTEN Feinkost-Imbiss,
Tinnum, Mittelweg 7, (0 46 51) 34 01
BLUM'S FISCHSPEZIALITÄTEN Fisch,
Wenningstedt, Westerlandstr. 8, (0 46 51) 47 10
BODENDORF'S im Landhaus Stricker, *Tinnum* → 65
BREIZH Dünenrestaurant, *Hörnum* → 40
BUTT'ZE Der kleine Fischladen-Imbiss Imbiss,
Wittdün, Inselstr. 34, (0 46 82) 50 63 23
CAFFÈ FELLINI Ristorante Bistro,
Westerland, Friedrichstr. 35, (0 46 51) 88 68 60
CAMPO, *Westerland* → 74
CASA BIANCA, *Westerland* → 74
CASA PICCOLI, *Niebüll* → 102
COAST im Landhaus Rantum, *Rantum* → 60
COHIBAR Cocktail-Bar,
Westerland, Bötticher Str. 10, (0 46 51) 2 26 73
COMPASS Restaurant, Bar, Lounge International,
Westerland, Friedrichstr. 40, (0 46 51) 2 35 13
CULINARIUM, *Westerland* → 75

LOCATION-INDEX

DER KLEINE WITT, BISTRORANT im Land- und Golfhotel
Witt, *Niblum* → 96
DIAVOLO Bistro Creperie Bar, *Westerland* → 75
DORFKRUG KAMPEN, RESTAURANT, *Kampen* → 45
DORFKRUG RANTUM, *Rantum* → 61
EBBE & FOOD im Dorint Hotel, *Westerland* → 76
EICHE, ZUR, *Tinnum* → 65
ERDBEERPARADIES Musik-Kneipe,
Wyk, Ocke-Nerong-Str. 29, (0 46 81) 74 84 75
ERWINS IMBISS Gode Wind, *Wyk* → 98
EXTRABLATT, CAFÉ an der Strandpromenade Café-Bar,
Westerland, Friedrichstr. 44, (0 46 51) 4 49 62 97
FÄHRHAUS im Hotel Fährhaus, *Munkmarsch* → 59
FEIKES im Hotel Roth, *Westerland* → 76
FISCH MATTHIESEN, *Hörnum* → 40
FISCHBÄCKER, ZUM Fisch,
Norddorf, Lunstruat 11-13, (0 46 82) 43 64
FISCH-HÜS, *Westerland* → 77
FITSCHEN AM DORFTEICH, *Wenningstedt* → 66
FLASCHEN-POST Musik-Kneipe,
Wyk, Königsstr. 3, (0 46 81) 74 15 74
FLORIANS ESS.ZIMMER, *Keitum* → 51
FÖHRER KERZENSCHEUNE & TEESTUBE Café,
Nieblum, Poststraat 7, (0 46 81) 58 01 43
FRANCO, PIZZERIA, *Wyk* → 99
FRÄNKISCHE WEINSTUBEN Neue deutsche Küche,
Morsum, Terpstig 87, (0 46 51) 89 04 40
FRANZ GANSER Das kleine Restaurant, *Westerland* → 77
FRIESEN-CAFÉ Café, *Nebel, Uasterstigh 7, (0 46 82) 9 66 20*
FRIESENKATE, *Westerland* → 78
GATZ Szene-Bar, *Westerland, Strandstr. 10, (0 46 51) 2 10 06*
GLAUBE, LIEBE, HOFFNUNG, *Wyk* → 99
GODE-WIND, *Wyk* → 100
GOGÄRTCHEN Café & Restaurant, *Kampen* → 45
GOLF-CLUB SYLT, *Wenningstedt* → 67
GOSCH AM KLIFF, *Wenningstedt* → 67
GOSCH KNEIPE Kneipe,
Westerland, Friedrichstr. 15, (0 46 51) 83 46 02
GOURMET ECK, *Kampen* → 46
GRANDE PLAGE, LA Strandbistro und Sauna, *Kampen* → 46
GRÜNHOF-STUBEN, *Keitum* → 52
HAFENDECK Gosch, *List* → 56
HARDY AUF SYLT, *Westerland* → 78
HEIDE KATE Regional, *Wittdün, Inselstr. 66, (0 46 82) 96 85 81*
HEINRICH, ZUM ALTEN im Romantik Hotel Hüttmann,
Norddorf → 93
HENDL HAUS Imbiss,
Westerland, Kirchenweg 3-5, (0 46 51) 2 97 75
HÜTTMANN, DAS KLEINE im Romantik Hotel Hüttmann,
Norddorf → 93
HUS IN LEE, *Rantum* → 61
IN LUV UN LEE Restaurant, *Wyk* → 100
INGO WILLMS, *Westerland* → 79

LOCATION-INDEX

INSEL PRALINE Café, *Wittdün, Inselstr. 13, (0 46 82) 99 54 00*
IRISH PUB Pub, *Westerland, Paulstr. 15, (0 46 51) 29 96 21*
ISOLA IM KAAMP HÜS Mediterran,
Kampen, Hauptstr. 12, (0 46 51) 88 64 60
JENS'NS TAFELFREUDEN, *Kampen* → 47
JEVER STUBE Kneipen-Restaurant,
Westerland, Friedrichstr. 29, (0 46 51) 62 16
JÖRG MÜLLER Bistro-Bar Cocktail-Bar,
Westerland, Süderstr. 8, (0 46 51) 2 77 88
JÖRG MÜLLER Der Pesel, *Westerland* → 79
JÖRG MÜLLER Restaurant, *Westerland* → 80
JÜRGEN INGWERSEN Café und Teestuben, *Morsum* → 58
KÄPT'N SELMER STUBE im Hotel Fährhaus, *Munkmarsch* → 60
KAI3 im Hotel Budersand, *Hörnum* → 42
KAMPS CAFÉ Galerie und Café, *Keitum* → 52
KAP-HORN, *Hörnum* → 42
KARSTEN WULFF, *Keitum* → 53
KELLERMEIER'S im Hotel Sylter Hof/Villa Kristina
Deutsch-mediterran, *Westerland, Norderstr. 7-9, (0 46 51) 85 70*
KIEK IN, *Westerland* → 80
KLABAUTERMANN Deutsch-bürgerlich,
Wittdün, Inselstr. 13, (0 46 82) 21 39
KLEIN HELGOLAND, *Wyk* → 101
KLEINE KÜCHENKATE Deutsch-bürgerlich,
Keitum, Hoyerstich / Am Kliff, (0 46 51) 3 33 87
KLIFFKIEKER Deutsch-bürgerlich,
Wenningstedt, Strandstr. 28, (0 46 51) 4 28 31
KNUDSEN, GASTHAUS Neue internationale Küche,
Utersum, Boowen Taarep 15, (0 46 83) 3 08
KNURRHAHN Deutsch-bürgerlich,
List, Am Hafen, (0 46 51) 87 04 65
KÖNIGSHAFEN Regional, *List, Alte Dorfstr. 1, (0 46 51) 87 04 46*
KOHSTALL, CAFÉ, *Nieblum* → 97
KULISSE International,
Westerland, Friedrichstr. 33b, (0 46 51) 2 20 55
KUPFERKANNE, *Kampen* → 47
L. A. SYLT International,
List, Mannemorsumtal Oststrand, (0 46 51) 2 99 93 96
LAURAS RESTAURANT im Landhaus Laura, *Oevenum* → 97
LEYSIEFFER, *Westerland* → 80
LIKEDEELER, *Nebel* → 92
LILLE KAMP, *Westerland* → 82
LOHDEEL Deutsch-bürgerlich,
Nieblum, Heidweg 2, (0 46 81) 58 00 61
LUCKY'S im Bowling Center Sylt Nordamerikanisch,
Westerland, Industrieweg 2, (0 46 51) 98 68 98
LUND, CAFÉ, *Hörnum* → 42
LUZIFER Café und Restaurant International,
Westerland, Andreas-Dirks-Str. 10, (0 46 51) 92 77 22
MANNE PAHL, *Kampen* → 48
MARISO, *Westerland* → 82
MATEIKA, CAFÉ Bistro,
Westerland, Bismarckstr. 11, (0 46 51) 2 40 81
MEERESBLICK, *Wenningstedt* → 68

LOCATION-INDEX

MER, LA im Grand SPA Resort A-ROSA Sylt, List → 56
MIDLUMER KROG Deutsch-bürgerlich,
Midlum, Dörpstraat 50, (0 46 81) 27 64
MIRAMAR, COCKTAILBAR im Hotel Miramar, Westerland → 82
MIRAMAR, RESTAURANT im Hotel Miramar, Westerland → 83
MÖLLER'S KLEINES RESTAURANT im Hotel Windhuk
Neue internationale Küche,
Westerland, Brandenburger Str. 6, (0 46 51) 99 20
MORSUM KLIFF im Hotel Morsum Kliff, Morsum → 58
MORSUMER KAYSER Friesisch,
Morsum, Terpstich 72, (0 46 51) 89 02 56
MÜHLE, ZUR Neue internationale Küche,
Munkmarsch, Lochterbarig 24, (0 46 51) 38 77
MÜNCHNER HAHN Deutsch-bürgerlich,
Westerland, Friedrichstr. 23, (0 46 51) 2 42 69
MUSCHELSUCHER, DIE Bistro & Café Bistro,
Norddorf, Strunwai 9, (0 46 82) 44 88
NATURGEWALTEN, List → 57
NEPTUN Deutsch-bürgerlich,
Norddorf, Strandstr. 7, (0 46 82) 12 34
NES PÜK, LANDHAUS, Morsum → 59
NETTES INN Kneipen-Restaurant,
Keitum, Bahnhofstr. 37, (0 46 51) 3 15 05
NIELSEN'S KAFFEEGARTEN Café,
Keitum, Am Kliff 5, (0 46 51) 3 16 85
NO EINS Deutsch-bürgerlich,
Wyk, Sandwall 1, (0 46 81) 74 63 50
NÖRDLICHSTE FISCHBUDE Bistro,
List, Am Hafen, (0 46 51) 87 04 01
OASE Restaurant Café in den Dünen, Westerland → 83
ODIN Bistro, Kampen, Strönwai 10, (0 46 51) 4 54 55
OLIVE im Hotel Strandhörn, Wenningstedt → 68
ORTH, CAFÉ, Westerland → 84
OSTERIA, DIE S52 Seaside, Westerland → 84
PABLITO Tapas & Wein, Westerland → 85
PERGOLA, LA, Wenningstedt → 68
PFANNKUCHEN-HAUS, DAS im Prinzencafé, Wyk → 101
PIRATENNEST International,
List, Lister Hafen, (0 46 51) 87 03 12
PIUS, Keitum → 53
PONY Club, Kampen, Strönwai 6, (0 46 51) 4 21 82
POST, ZUR Im Hotel Zur Post Deutsch-bürgerlich,
Utersum, Jaardenhuug 2, (0 46 83) 96 33 30
RAUCHFANG Neue internationale Küche,
Kampen, Strönwai 5, (0 46 51) 4 26 72
REITERBAR im Hotel Rungholt Hotel-Bar,
Kampen, Kurhausstr. 35, (0 46 51) 44 80
RICHTER'S RESTAURANT, Rantum → 62
RISTORANTE, IL, Westerland → 85
RIVA Pizzeria, Westerland → 86
ROCCA, LA, Wyk → 102
ROSTIGER ANKER, Hörnum → 44
ROTES KLIFF, CLUB Szene-Bar,
Kampen, Braderuper Weg 3, (0 46 51) 4 34 00

33

LOCATION-INDEX

RÜM HART Friesisch,
Hörnum, Blankes Tälchen 6, (0 46 51) 88 10 07
SALON 1900, Keitum → 54
SANSIBAR, Rantum → 62
SCHACHNER, WEINHAUS, Westerland → 86
SCHAPER'S im Watthof, Rantum → 63
SCHLACHTER, RESTAURANT ZUM Deutsch-bürgerlich,
Nieblum, Kertelheinallee 1, (0 46 81) 58 02 08
SCHNECKENHAUS International,
Westerland, Norderstr. 6, (0 46 51) 2 32 75
SCHUBERT'S LOUNGE, Kampen → 48
SEEBLICK, Westerland → 87
SEEBLICK im Hotel Seeblick, Norddorf → 94
SEEFOHRERHUS Deutsch-mediterran,
Wittdün, Am Tonnenhafen, (0 46 82) 14 51
SEEKISTE, Nebel → 92
SEEPFERDCHEN SAMOA, Rantum → 63
SEETEUFEL im Hotel Atlantic Neue internationale Küche,
Westerland, Johann-Möller-Str. 30-32, (0 46 51) 9 88 00
SÖL'RING HOF im Dorint Söl'ring Hof, Rantum → 64
SONNIGER SÜDEN Deutsch-bürgerlich,
Hörnum, Rantumerstr. 23, (0 46 51) 88 04 60
STADT HAMBURG, BISTRO, Westerland → 87
STADT HAMBURG, RESTAURANT im Hotel Stadt
Hamburg, Westerland → 88
STEAK & HAXEN-HÄUSCHEN, Westerland → 88
STEIGLEDER, CAFÉ Café, Wyk, Sandwall 28, (0 46 81) 44 11
STEUERRAD, ZUM International,
Wittdün, Südspitze, (0 46 82) 99 40 40
STRAND 33 Café Bar Restaurant International,
Norddorf, Strunwai 33, (0 46 82) 96 15 55
STRANDBISTRO Bistro,
Wenningstedt, Übergang zum Hauptstrand, (0 46 51) 4 17 03
STRANDHOTEL DAGEBÜLL, RESTAURANT International,
Dagebüll, Nordseestr. 2-4, (0 46 67) 2 12
STRANDMUSCHEL Mediterran,
Rantum, Strandstr. 30, (0 46 51) 2 71 75
STRICKER, RESTAURANT Die Tenne, Tinnum → 66
STRÖNHOLT, Hörnum → 44
STURMHAUBE, Kampen → 49
SÜDKAP Deutsch-bürgerlich,
Hörnum, Ostpromenade 1, (0 46 51) 88 13 90
SÜNHAIR International,
Keitum, Erich-Johannsen-Wai 2, (0 46 51) 93 54 50
SUNSET BEACH in der Surfschule Westerland, Westerland → 89
SYLT ENTRÉE im Bahnhof Bistro,
Westerland, Im Bahnhof, (0 46 51) 92 93 14
SYLT-KANTINE, Westerland → 89
SYLT-QUELLE, Rantum → 64
TADJEM DEEL Bistro,
Rantum, Hörnumer Str. 60, (0 46 51) 2 31 61
TAMPE'S RESTAURANT, Wenningstedt → 69
TAPPE'S im Hotel Walter's Hof, Kampen → 49

LOCATION-INDEX

TAVERNE RHODOS Griechisch,
Niebüll, Uhlebüller Dorfstr. 106, (0 46 61) 51 10
TEESTUBE, DIE KLEINE, *Keitum* → 54
THOMMY'S MUSIKCAFÉ Disco,
Westerland, Bomhoffstr. 8a, (0 46 51) 12 21
TONI'S RESTAURANT Haus Müller, *Westerland* → 90
UAL ÖÖMRANG WIARTSHÜS, *Norddorf* → 94
UAL SKINNE, *Utersum* → 98
UTSPANN, *Westerland* → 90
VOGELKOJE, *Kampen* → 50
VOIGT'S ALTE BACKSTUBE, *List* → 57
WATTWURM Bistro, *Niebüll, Hauptstr. 8, (0 46 61) 88 54*
WEB-CHRISTEL, *Westerland* → 91
WEIßE DÜNE im Hotel Weiße Düne, *Wittdün* → 96
WELTENBUMMLER im Inselhotel Kapitän Tadsen,
Steenodde → 95
WENNINGSTEDTER KRUG im Hotel Wenningstedter Hof,
Wenningstedt → 69
WESTSTRANDHALLE Deutsch-bürgerlich,
List, Weststrand, (0 46 51) 87 02 66
WIEN, CAFÉ, *Westerland* → 91
WIIN KÖÖV, *Kampen* → 50
WIRTSHAUS GLÖCK'L Deutsch-bürgerlich,
Westerland, Friedrichstr. 37, (0 46 51) 74 25
WONNEMEYER, *Wenningstedt* → 70
WUNDERBAR Kneipe, *Westerland, Paulstr. 6, (0 46 51) 2 17 01*
ZAUBERBUDE Imbiss,
Westerland, Parkplatz Dikjen-Deel, (01 73) 3 69 12 21

LOCATION-INDEX

Hotels

AARNHOOG, Keitum → 105
ACHTER DÜNEM Charmant,
Westerland, Lerchenweg 18, (0 46 51) 8 23 60
ATLANTIS Hotel am Meer Ferienhotel,
Wyk, Sandwall 29, (0 46 81) 59 91 00
BENEN-DIKEN-HOF Luxus,
Keitum, Süderstr. 3-5, (0 46 51) 9 38 30
BUDERSAND Golf & Spa, Hörnum → 104
DAGEBÜLL, STRANDHOTEL Traditionell,
Dagebüll, Nordseestr. 2-4, (0 46 67) 2 12
DORFHOTEL SYLT Ferienhotel,
Rantum, Hafenstr. 1, (0 46 51) 4 60 90
FÄHRHAUS, Munkmarsch → 106

Nächtigen in Wattenmeer-Nähe: **Rickelsbüller Hof**

GOLF- & LANDHAUS KAMPEN, Kampen → 104
GRAND SPA RESORT A-ROSA Sylt, List → 106
HÜTTMANN, ROMANTIK HOTEL, Norddorf → 109
JÖRG MÜLLER Romantikhotel, Westerland → 108
KAMPS, Keitum → 105
KAPITÄN TADSEN, INSELHOTEL, Steenodde → 110
KURHAUS HOTEL Zentral, Wyk, Sandwall 40, (0 46 81) 7 92
MIRAMAR, Westerland → 108
REETHÜS, HOTEL Charmant,
Kampen, Hauptstr. 18, (0 46 51) 9 85 50
RICKELSBÜLLER HOF Charmant,
Rodenäs, Neudorf 8, (0 46 68) 9 20 10, http://www.rickelsbueller-hof.com
ROTH, HOTEL am Strande Zeitlos,
Westerland, Strandstr. 31, (0 46 51) 92 30
RUNGHOLT, HOTEL Charmant,
Kampen, Kurhausstr. 35, (0 46 51) 44 80
SEEBLICK, Norddorf → 109
SEILER HOF Familiär, Keitum, Gurtstig 7, (0 46 51) 9 33 40

LOCATION-INDEX

SÖL'RING HOF Dorint, *Rantum* → 107
STADT HAMBURG, *Westerland* → 109
STRANDHÖRN, *Wenningstedt* → 107
STRANDHOTEL Wyk auf Föhr Familiär,
Wyk, Königstr. 1, (0 46 81) 5 87 00
STRICKER, LANDHAUS Hotel und Spa, *Tinnum* → 107
SYLTER DOMIZIL First-Class-Hotel garni Ferienhotel,
Wenningstedt, Berthin-Bleeg-Str. 2, (0 46 51) 8 29 00
VILLA WITT Land- und Golfhotel, *Nieblum* → 110
VILLAGE, *Kampen* → 104
WALTER'S HOF, *Kampen* → 105
WATTHOF Charmant, *Rantum, Alte Dorfstr. 40, (0 46 51) 80 20*
WEIßE DÜNE, *Wittdün* → 110
WINDROSE Lindner Hotel, *Wenningstedt* → 108

IN LETZTER MINUTE

ISOLA IM KAAMP HÜS — Deutsch-mediterran

Sylt-Kampen, Hauptstr. 12, (0 46 51) 88 64 60
Offen: Mo-Sa 12-o.e. Küche: 12-22
Gerichte/€: -
Karten: E

Die Neuorientierung. Nachdem die gemeinsame Zeit von Oliver Behrens und Kai Sanders vorbei ist, orientiert sich die Küche gen Mittelmeer und setzt den Schwerpunkt „in Richtung Stiefel-Kost". Mit dabei sind unter anderem Bruder Andreas Behrens und Marius Zappe, der als Küchenchef auftrumpfen will. Ein Teil der „altbewährten Service-Crew" ist geblieben, somit „eine verlässliche Größe". Das „beliebte Frühstück" vom Vorgänger fällt aber weg, da erst zur Mittagszeit geöffnet ist. Die Einrichtung nun gediegener, „nicht mehr so hell": „mehr Platz" für mehr Gäste des Nobelortes, „der alte Tresen ist verschwunden". Die Weine gibt's jetzt auch für zu hause.

RAUCHFANG — Neue internationale Küche

Sylt-Kampen, Strönwai 5, (0 46 51) 4 26 72
Offen: 12-o.e. Küche: 12-23, Nebensaison 12-22
Dinner-Budget/€: 59,80. Gerichte/€: 18-42
Karten: A M V E

Von A nach B. Nachdem Greta Arjes im Kampener In-Lokal die Segel strich, übernahm Björn Berg mit seiner Frau Nele das Ruder. Der 42-jährige Barmann (vorher auch im Gogärtchen) ließ im alteingesessenen Restaurant im Nobel-Örtchen fleißig umbauen: weiße Farbe an den Fensterrahmen. Auch das Beige-Weiß an den Wänden steht „der Institution" gut. Neue Sitzpolster verleihen dem Gastraum „frischen Wind". Der „Charme der Außenterrasse" wurde beibehalten. In der Küche schwingt Mike Pauli weiterhin die Töpfe. Sommelier Dennis Oetzel und das junge Service-Team bedienen die vielen Stammgäste. Auch die 200 „guten Tropfen" (30 glasweise) erfreuen.

ALT WYK — Neue internationale Küche

Föhr-Wyk, Große Str. 4, (0 46 81) 32 12
Offen: Mi-So 18.30-o.e., Nov.-März geschl. Küche: 18.30-21
Dinner-Budget/€: 71,30. Gerichte/€: -. Menü/€: Abend 49,50-63
Karten: E

Das Ende ist der Anfang. Nach fast 40 Jahren geht Familie Andresen in den wohlverdienten Ruhestand. Aber Schluss ist im „altehrwürdigen Haus" noch lange nicht: Koch Dittrich übernimmt und wird der neue Herr über das Traditionshaus. Beim Übergang helfen Caecilia und Rolf Andresen ihrem Schützling „im Hintergrund kräftig mit". Renovierungen werden moderat vorgenommen und auch die Karte wird „ein wenig überarbeitet": Der „hohe Standard" soll gehalten werden. Der „alte Ofen im Gastraum" bleibt, wo er ist, im Backsteinhaus, genauso wie der große Teil der Service-Crew, da diese zur „optimalen Gastfreundschaft" auch in der Vergangenheit beitrug.

SYLT

BIIKE Restaurant, Bar, Lounge — Neue deutsche Küche

Hörnum, Rantumer Str. 23 A, (0 46 51) 4 60 81 85
Offen: 8-23. Küche: 8-11, 12-14, 18-22
Gerichte/€: 13-33,50. Dinner-Budget/€: 45,60
Karten: E

GÄSTE-URTEIL | Essen **7** | Trinken **6** | Service **7** | Atmosphäre **8**

Lichtblick im Süden. Die Einrichtung ist „schön modern" und „trotzdem urgemütlich". Rund um die Kamin-Lounge mit roten Sesseln und Barhockern schmecken *geeiste mediterrane Gemüsesuppe auf Nordseekrabben* (8,50) „köstlich". Der *Rücken vom Sylter Deichlamm, gegrillt auf Lavastein, serviert mit Ragout von Schlangenbohnen, glacierten Tomaten und gratinierten Rahmkartoffeln* (27,50) ist „auf den Punkt" zubereitet, gebracht vom „jungen Personal" „mit Pfiff" und „genügend Abstand". Im „stylischen Gastraum" ist auch das Dessert „top": *zweierlei Mousse hell und dunkel treffen auf Ananas als Kompott mit Ingwer* (6,50). 25 Rebsäfte, 14 Tropfen im Glas.

Franziskaner
WEISSBIER
SCHLEMMEN
MIT FREUNDEN
TOP 5

BREIZH Dünenrestaurant — Französisch

Hörnum, Strandweg, (0 46 51) 4 60 81 88
Offen: 12-24. Küche: 12-22, Nebensaison 12-14, 18-22
Gerichte/€: 12,50-29,50. Dinner-Budget/€: 46,30
Karten: D M V E

GÄSTE-URTEIL | Essen **7** | Trinken **7** | Service **5** | Atmosphäre **7**

Die Strandperle. Nicht versteckt in den Dünen liegt „dieses Kleinod": „Oben drauf" steht das Restaurant „bestem Ausblick aufs Meer". Das „lockere und gediegene Publikum" rekrutiert sich aus „betuchten Hotelgästen" und Strandläufern. Unter der schwarzen Rundleuchte im hellen Raum durch die „große Fensterfront" schauen. Auf der „windgeschützten Terrasse" den *lauwarmen Ziegenkäse an Salaten der Saison* (9,50) „genießen". Das *Chateaubriand* (2 P. 47,50) „toll". Oder lieber *Filets von der Meerbarbe mit Hummersauce* (16,50)? Ist mit „bretonischem Einschlag", „sehr saftig". Danach *Mousse au chocolat* (7,50). 12 der 35 Weine kommen offen: „echt okay".

FISCH MATTHIESEN — Bistro

Hörnum, Rantumer Str. 8, (0 46 51) 88 17 73
Offen: 9-21.30, Winter 9-19, So 10-19. Küche: 9-21.30, 9-19, 10-19. Gerichte/€: 6,50-15,60
Karten: Keine

GÄSTE-URTEIL | Essen **6** | Trinken **4** | Service **4** | Atmosphäre **4**

Wer hätte das gedacht? „Nur 'ne Fischbude? Iwo!" Im „kleinen Sylter Alternativ-Programm" wartet „das Beste aus dem Meer" auf Fisch-Freunde im Familien-Verband. „Ein Must-Go", sagen auch Best Ager. „Überarbeitete Karte" mit „herrlichen Klassikern" wie *Original Hörnumer Fischsuppe* (4,90) oder *Milchreis mit Roter Grütze* (4) – „immer hervorragend". „Gerne genommen": „riesiger" *Fischteller mit gebratenem Saibling, Heilbutt, Wittling in Eihülle* (15,60). „Liebevoll und reichlich" „auf Glastellern" angerichtet. Küchenpersonal „hat Zeit für Extra-Wünsche". Und sonst ist die Crew „flott" im kleinen „blauen Verkaufsraum" mit Glastheke. 12 Glasweine gibt's.

Andreas Morlok / pixelio.de, Bild rechts →

SYLT

DIE NOMINIERTEN

KAI3 im Hotel Budersand — Neue internationale Küche

Hörnum, Am Kai 3, (0 46 51) 4 60 70
Offen: 19-o.e. Küche: 19-22
Gerichte/€: 18,50-39. Dinner-Budget/€: 66,10.
Menü/€: Abend 45-110
Karten: M V E

SEXY FOOD TOP 10

GÄSTE-URTEIL Essen **8** Trinken **9** Service **8** Atmosphäre **8**

Die Vorlieben. Jens Rittmeyer setzt auf „regionale Produkte". Und zaubert „tolle Kreationen" auf die Teller. Die Karte liest „sich genial". Es „schmeckt noch besser" im stylischen Gastraum mit blauer Wand und Riesenfenstern: *gefüllter Schweinefuß mit Belugalinsen mit Wiesenkerbel und gebratenem Carabineiro* (27), *Variation vom Deichlamm mit Jus von geschmortem Knoblauch, Kichererbsen-Mousselin* (32) und *Tarte Tatin von Birnen* (14). Dazu einen der „erlesenen" 470 Weine (30 im Glas). Der „sehr gute Service" „kämpft sich durch den Sturm und bringt Delikatessen auch auf die Terrasse". Bei dem Ausblick „staunt" der „betuchte Hotelgast" „nicht schlecht".

GUTE-LAUNE-LOKALE TOP 10

KAP-HORN — International

Hörnum, Süderende 24, (0 46 51) 88 15 48
Offen: 11-21. Küche: 11-21
Gerichte/€: 10,50-25,50. Dinner-Budget/€: 35,40
Karten: Keine

GÄSTE-URTEIL Essen **7** Trinken **6** Service **6** Atmosphäre **7**

„Gelungen." Nicht nur die „nette Lage zwischen den Dünen", sondern auch die „guten Portionen" von Lars Horn lassen Spaziergänger und „viele Familien" „gerne wiederkommen". Bei *kleiner Bouillabaisse* (7,90) sowie *Scampi-Pfanne in Knoblauch mit mediterranem Gemüse* (14,50) und *Mascarponecreme mit Früchten* (4,50) sitzt's sich auf Holzplanken mit „blau-weißen" Kissen „prächtig". Kleines Manko: „die wenigen Parkplätze", finden einige. „Sonderwünsche werden völlig unkompliziert und freundlich umgesetzt", das freut. Die Mischung aus „gutem Service", „Gastfreundlichkeit" und „schmackhaftreichhaltiger Küche" ist „echt toll". 60 Weine, 12 offen.

LUND, CAFÉ — Deutsch-bürgerlich

Hörnum, Rantumer Str. 1-3, (0 46 51) 88 10 34
Offen: 9-20, Winter 9-18. Küche: 12-15, 17-20, 12-17
Gerichte/€: 10-20. Dinner-Budget/€: 35,30.
Menü/€: Mittag 10-20/Abend 10-20. Karten: Keine

GÄSTE-URTEIL Essen **6** Trinken **5** Service **6** Atmosphäre **5**

Die goldene Brezel zeigt den Weg. Hier geht's „zum besten Kuchen" der Insel, sagen Stammgäste jeden Alters. Ob Spaziergänger oder Familien mit Kids, alle loben „die nette Bedienung" für den „super Service". Das Café ist „alteingesessen", „urig" und „sehr gemütlich": Im Garten warten „bequeme Rattan-Stühle", drinnen an rot gedeckten Tischen stehen „weiße Schirmlämpchen". Das *Matjesbrot mit Apfel- und Zwiebelringen* (8) „macht satt". Einen *sanften Engel, Orangensaft mit Vanilleeis* (4,70) probieren? *Lachs und Garnelen auf Bandnudeln* (14,50) sind „eine Sünde wert". Der „Wahnsinn", sagen große und kleine Kuchenfreunde über die „riesen Auswahl". 15 Offene.

*Köstliche Speisen aus regionalen Produkten gibt's im **KAI3**. Bild rechts →*

ROSTIGER ANKER
Deutsch-bürgerlich

Hörnum, Blankes Tälchen 8, (0 46 51) 88 10 50
Offen: 11-o.e. Küche: 11-22
Gerichte/€: 6,80-18,80. Dinner-Budget/€: 34,20
Menü/€: Mittag 8,80-14,80
Karten: E

GÄSTE-URTEIL Essen **6** Trinken **5** Service **6** Atmosphäre **6**

Bike und Biker. Der große Anker zeigt generationenübergreifenden Familien den Weg. Auch mit Auto, Rad oder eben „Motorrad-Freunden": „der Ausflugstreff" im Süden. Das Interieur „urig" und „inseltypisch": Kachelwände und „schwarz-weiße Seemanns-Fotografien". Aber auch „modernes Garten-Mobiliar" mit „bequemen Polstern". Alles aus dem Meer, „immer gut" und „frisch". Zum Start *Sylter Muscheln* (11,80), kombiniert mit *Gaffel Kölsch* (0,3 l/2,50) „eine Wucht". Danach *Lammfiletspitzen* (16,30). Nachmittags einen *Eiskaffee* (4) und „Sonne tanken" bei „gelungenem Familien-Service". Ein Dutzend Rebsäfte, davon 10 als Glasweine „ganz in Ordnung".

Strönholt: *modern und stilsicher*

STRÖNHOLT
Neue deutsche Küche

Hörnum, Fernsicht 1, (0 46 51) 4 49 27 27
Offen: 9-21. Küche: 11.30-21
Gerichte/€: 18,50-39. Dinner-Budget/€: 52,20. Menü/€: Abend 32
Karten: M V E

GÄSTE-URTEIL Essen **8** Trinken **7** Service **7** Atmosphäre **8**

Oberhalb des Golfplatzes. „Gigantischer Ausblick", da „Dünen und Meer" den Sportlern und Bistro-Freunden auf der Holzplanken-Terrasse „zu Füßen liegen". Für „kleinen und großen Hunger" gibt's *Kartoffelsuppe mit Kohlwurst* (7/13). „Nur freitags": *Chateaubriand vom Sylter Galloway mit Grilltomate, Herzoginkartoffel und Portweinjus* (2 P. 78) – „der Wahnsinn". Die 46 Weine, 14 im Glas, „zu fairen Preisen für Sylter Verhältnisse". Die Belegschaft „sehr freundlich und nett". Am Ende „verwöhnt" die Käseauswahl mit *Rohmilchkäse vom Hof Backensholz mit Feigensenf und Brioche* (12,50) – „hmmmmm"! Zum Verweilen laden Holz-Kamin und rote Leder-Lounge-Sessel ein.

DORFKRUG KAMPEN, RESTAURANT   Neue dt. Küche

Kampen, Braderuper Weg 3, (0 46 51) 4 35 00
Offen: 12-1, Nebensaison 17-1. Küche: 12-23, 17-23
Gerichte/€: 14-34. Dinner-Budget/€: 49,30
Karten: A D M V E

GÄSTE-URTEIL   Essen **7**   Trinken **7**   Service **7**   Atmosphäre **8**

„Urgemütlich." Nahezu ein „Rückzugsort der besonderen Art". Alte „Friesenkacheln blau-weiß", rote Sitzpolster und „fein eingedeckte Tische" mit Windlichtern geschmückt. Der „hohe Durchfluss" an vielfältigen Gästen ist „mit Rainer am Zapfhahn Entertainment pur". „Einzigartig" im Service. „Nichts falsch" macht man mit „den Klassikern": *Tranchen vom Rindtafelspitz mit Meerrettichsauce, Blattspinat und Bouillonkartoffeln* (19,90) – „gute Hausmannskost". Vorher *Büffel-Mozzarella mit Strauchtomaten und Balsamico-Dressing* (13,90), dann *Dorfkrugs Zimtparfait* (8,50) – „ein süßes Ding". 10 offene bei 100 Flaschenweinen „runden den Besuch ab".

GOGÄRTCHEN   Neue internationale Küche

Kampen, Strönwai 12, (0 46 51) 4 12 42
Offen: 12-o.e., Nebensaison Di-So 12-o.e., Winter Fr-So 12-o.e.
Küche: 12-17.30, 18.30-23. Gerichte/€: 22-48
Dinner-Budget/€: 76,80
Karten: A D M V E

GUTE-LAUNE-LOKALE TOP 10

GÄSTE-URTEIL   Essen **8**   Trinken **8**   Service **8**   Atmosphäre **8**

„Die Zeit scheint stehen geblieben." Seit „über 60 Jahren vor Ort" – das ist „gelebte Tradition". Das Publikum „scheint mit den Seiches gealtert" – hat aber „die kommenden Generationen" schon „im Schlepp". Dazu: Einige „Promis lassen sich blicken". „Liebevoll bewirtet" von Agnieszka Lorenzen. Gleich mit *Flusskrebsschaumsüppchen 'à la Manfred'* (18) beginnen. Den *Steinbutt im knusprigen Kartoffelmantel, dazu grüner Spargel und geschmolzene Tomaten* (43) folgen lassen, der ist „auf den Punkt zubereitet". Die 160 Tröpfchen („nur" 10 offen) „gefallen gut" im mit Efeu bewachsenen Reethaus. Die Einrichtung „klassisch": schwere Tischdecken, „frische Rosen".

GOURMET ECK — Neue internationale Küche

Kampen, Braderuper Weg 2, (0 46 51) 44 61 60
Offen: 12-o.e., Winter Di-So 13-o.e. Küche: 12-22, 13-22
Gerichte/€: 23,50-43,50. Dinner-Budget/€: 62,60
Karten: A M V E

GÄSTE-URTEIL Essen **8** Trinken **8** Service **6** Atmosphäre **7**

„Zum Wohlfühlen." Den mittelalten Gäste-Paaren gefällt die „gelunge Mischung" nicht nur „für einen Absacker". Die Küche geht „problemlos auf Sonderwünsche" ein und serviert „superfrische" *Jakobsmuscheln* (15,50), gefolgt von *US-Rib-Eye mit Pfeffer-Knoblauch-Butter, gebackenen Kartoffeln* (26,50) – „herrlich zart". „Tolles Finale" mit Blick auf Backsteine und „Blümchen": *flambierter Kaiserschmarrn* (14,50). Weine „aufgestockt" und „fair gepreist": 200 Tropfen (16 offene). Rauchen auf der Terrasse: „Dank ausgeklügelter Technik" sitzt man im Trockenen. „Mal so, mal so": „personenabhängiger" Service. Beim „richtigen Kellner" „sehr behaglich-angenehm".

*Den Blick schweifen lassen im **Gourmet Eck***

GRANDE PLAGE, LA — Deutsch-mediterran

BAR TOP 10

Kampen, Riperstig/Weststrand, (0 46 51) 88 60 78
Offen: 11-o.e., Winter 12-18. Küche: 11-22, 12-17
Gerichte/€: 5,90-27. Dinner-Budget/€: 37,70
Karten: E

Franziskaner WEISSBIER
SCHLEMMEN MIT FREUNDEN TOP 5

GÄSTE-URTEIL Essen **6** Trinken **6** Service **6** Atmosphäre **7**

Schickes „Emaille-Straßenschild" und das „blau-gelbe Surfboard" unter der Decke: Es „könnte so schön sein". Die „jugendliche" Service-Crew ist „flott unterwegs" und „lächelt viel", wenige finden sie „uninteressiert". Einige Gäste „tragen den Polokragen hochgestellt, gehört dazu". „Unschlagbar": „Der Ausblick über Strand und Meer ist 1 a". Genau wie „die Qualität der Gerichte und der Getränke" – „es stimmt alles": *eingelegter Schafskäse mit Baguette* (11,50) vor der *Fischpfanne ‚Grande Plage' mit provenzalischem Gemüse und Kartoffeln* (21,90) und einem *Schokoladenpudding mit Vanillesauce* (3,90). Getrunken werden 38 Tropfen (9 Schoppen).

JENS'NS TAFELFREUDEN — Mediterran

Kampen, Süderweg 2, (0 46 51) 4 40 41
Offen: 17-o.e. Küche: 17.30-22.30
Gerichte/€: 15-37. Dinner-Budget/€: 53,40
Karten: A D M V E

GÄSTE-URTEIL Essen **8** Trinken **7** Service **8** Atmosphäre **8**

„Eng" und „schön". Zwischen der Säule mit „rot-weißen Mini-Kacheln" und Stoffrollos sitzt es sich „einfach herrlich". „Knapp unter Sterneniveau", finden einige Stammkunden: *Rindercarpaccio mit Rucolasalat in Balsamico-Dressing und gehobeltem Parmesan* (13,50) „mehr als lobenswert". Anschließend freuen sich Geschäftsleute oder „Verliebte" über *frisch gebratenen Aal in Dillbutter mit Inselkartoffel und Gurkensalat* (19,50). Ein „kleines Finale": *geeiste Passionsfrucht-Mousse mit karamellisierter Feige* (8,50) – „angerichtet wie ein Kunstwerk". Etwa 60 Rebsäfte, aber „nur" 10 offene Weine. „Niveauvoller" Bringdienst: „aufmerksam, zuvorkommend".

Promi-Tipps

Sandra Marx, Trainerin für Stimme und Sprechen

Auf der Paulstraße sitzt's sich in lauen Sommernächten hervorragend. Hier ist immer was los, aber nie überlaufen. Zu einem gelungenen Abend passen die kleinen Tapas mit Wein bei **Mariso** (→ 82). Außerdem kann man hier wunderbar auf der Terrasse die Abend-Flanierer beobachten. Soll's eine gelungene Party werden, steht die **Wunderbar** (→ 35) im Pflichtprogramm.

Julien Renard, freier Dramaturg

Direkt nach der Ankunft zieht's mich in die **Butt'ze** (→ 30), die beste Fischbude an der Nordsee. Zum rustikalen Abendessen geht kein Weg an der **Seekiste** (→ 92) vorbei. Zum Digestif trifft man sich zum Schnack an der Bar. Wenn's Insel-Taxi Richtung **Blaue Maus** (→ 95) aufbricht, warten hervorragender Whisky und nette Menschen: Hier amüsieren sich Insulaner und Besucher. Ahoi!

KUPFERKANNE — Café

Kampen, Stapelhooger Wai 7, (0 46 51) 4 10 10
Offen: 10-18.30, Winter 12-17, Sa+So 10-17. Küche: 10-18.30, 12-17. Gerichte/€: 5-13
Karten: M V E

GUTE-LAUNE-LOKALE TOP 10

GÄSTE-URTEIL Essen **5** Trinken **4** Service **5** Atmosphäre **8**

„Zum Schwärmen!" Kaffee-Kenner und Tee-Genießer laufen meist mit Familienverband auf. „Sylter Charme" unterm Reet in „lauschig positionierten Sitzgruppen" kommt „voll gut" rüber. Im Garten warten „windschiefe Kiefern". Der *Apfelkuchen* (3,70) „verdient einen Preis" – „soooo gut". Und „das Auge isst mit". Dazu einen *Pott Milchkaffee* (4,50). Nach dem *Kupferkanne-Frühstück* (13,50) gehen die „Spät-Aufsteher" zu *Lachs mit Hollandaise* (9) über. Dazu trinkt man einen von 5 Offenen „mit Blick aufs Watt". Wichtige Regel: „Der frühe Vogel ergattert einen der begehrten Plätze." Egal ob bei Regen oder Sonnenschein: „Hier steppt der Bär." „Nette Kellner."

MANNE PAHL — Deutsch-bürgerlich

Kampen, Hauptstr./Uwe Düne 2, (0 46 51) 4 25 10
Offen: Mo, Do+Fr 12-1, Sa+So 10-1, Sommer 10-1
Küche: 12-22, 10-22. Gerichte/€: 14-34. Dinner-Budget/€: 51,00
Karten: M V E

BAR TOP 10

GUTE-LAUNE-LOKALE TOP 10

GÄSTE-URTEIL Essen **8** Trinken **8** Service **7** Atmosphäre **7**

„Eng und schön!" Die „dunkle Bude" ist „ganz heimelig" mit „edlen" Holzvertäfelungen und „schicker Theke". Wer „keinen Platz bekommen" hat oder „zu lange warten" musste, der nimmt's über den „neuen Tresen" mit nach Hause. Die (Promi-)Stammgäste schwören auf *Wiener Schnitzel mit Bratkartoffeln* (22) – das ist „ein Muss". „Ein würdevoller Start": *Thai-Currrysuppe mit Kokos und Jakobsmuscheln* (7,50). Die „geniale" *Kalbsfrikadelle mit Schalotten und Kartoffel-Lauch-Püree* (18,90) „herrlich" – dazu passt auch ein *Pils* (0,25 l/3,30) oder einer von 110 Tropfen (10 offen) – Weinkarte „wächst wohl weiter". Die Crew „flott unterwegs" – meistens.

Lädt zum Verweilen ein: die Promenade am Westerländer Strand

BAR TOP 10

SCHUBERT'S LOUNGE — Lounge

Kampen, Kurhausstr. 5, (0 46 51) 9 95 42 06
Offen: 20-4, Nebensaison 20-2. Küche: -
Gerichte/€: -
Karten: A M V E

GÄSTE-URTEIL Essen **–** Trinken **7** Service **7** Atmosphäre **7**

Frisch gemischt. Die „Schüttel-Crew ist super": Drinks kommen „immer flott" und die Belegschaft ist „stets gut drauf". Für Top-Punkte „fehlen Kleinigkeiten", aber „da sieht man drüber hinweg". Wer keine Cocktails wie *Schubert's Spezial: Wodka, Licor 43, Peachtree, Maracuja-, Ananas-, Cranberry-Saft* (12) mag, ordert *Beck's* (0,33 l/4,50). „Ausgelassene Stimmung" mit „coolen Kurzen" wie *Wodka* (0,02 l/4,50) antreiben. Der „Kampen-Schick schwört drauf": „Getränke gibt's flaschenweise" im „nüchtern weiß" gehaltenen Raum mit Streifenkissen. Egal ob *Prosecco* (0,75 l/90) oder „voll auf dem Edeltrip" mit *Dom Perignon* (0,75 l/350). 18 Weine (5 offen).

STURMHAUBE — Neue internationale Küche

Kampen, Riperstig 1, (0 46 51) 99 59 40
Offen: 11.30-24. Küche: 12-22.30
Gerichte/€: 13-49. Dinner-Budget/€: 63,60
Karten: A D M V E

GÄSTE-URTEIL Essen **7** Trinken **9** Service **6** Atmosphäre **8**

Viel Potenzial vorm Roten Kliff. Hier liegt das „schön renovierte Restaurant". „Mitten in den Dünen" auf zwei Etagen ist's „am Rundfenster am schönsten". Die *Rinderconsommé mit Flädle und Kräuterklößchen* (10,50) oder das *Sushi-Menü 1 mit 2 Nigri und 6 Maki* (9,50) zum Einstimmen auf den Hauptgang „perfekt": *Steinbutt und Hummer auf Kräuterpüree und Champagnerschaum* (36) „eine gelungene Interpretation". Das Finale mit *gebackenem Crottin de Chavignol an Portweinlinsen* (10,50) „sehr stimmig", finden „zahlungskräftige Pärchen". Schade: Service „unwissend und launisch", meinen einige, „aufmerksam" und „top" sagen andere. Von 1.000 Weinen 26 offen.

Tappe's: *Genuss in stilvoller Umgebung*

TAPPE'S im Hotel Walter's Hof — Neue int. Küche

Kampen, Kurhausstr. 23, (0 46 51) 9 89 60
Offen: 8-22.30. Küche: 8-12.30, 17-22.30, Sommer 8-22.30
Gerichte/€: 19-44. Dinner-Budget/€: 62,00. Menü/€: Abend 36-88
Karten: A D M V E

GÄSTE-URTEIL Essen **8** Trinken **8** Service **7** Atmosphäre **8**

Die Reichen und Schönen. Treffen sich an diesem „exquisiten Ort" gern zum Stelldichein. Die vielen Feinschmecker loben: „nahezu perfekt". Deshalb ist die *leichte Kartoffel-Lauch-Cremesuppe mit Matjestatar und Avruga-Kaviar* (9) ein „gelungenes Entree". Das *Filet vom Charolais-Rind mit Pommerysenf-Kruste, Sommergemüse und gebratenen Schupfnudeln* (36) „is(s)t delikat" und die *Quarkcreme mit Baumkuchen, Himbeeren und Schokoladeneis* (11) „rundet's ab". „Schwere Ledersessel" und die „Holztheke mit schwarzen Lederhockern" stehen im Kontrast zur weiß gestrichenen Paneelendecke: „wunderschön". Der „hervorragende Service" bringt 140 Tropfen (15 offen).

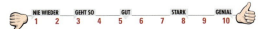

VOGELKOJE — Neue internationale Küche

Kampen, Lister Str./Vogelkoje Kampen, (0 46 51) 9 52 50
Offen: 9.30-o.e. Küche: 9.30-22
Gerichte/€: 22-39,50. Dinner-Budget/€: 92,70.
Menü/€: Abend 33-72,50
Karten: M V E

GÄSTE-URTEIL Essen **7** Trinken **8** Service **7** Atmosphäre **7**

Eine Institution. „Richtig gemütlich", sagen die Immerwiederkehrer, geht's zu „in der kleinen Hütte": „rustikal-angenehm". Nach der Fahrrad-Tour oder „auf einen kleinen Snack" „lohnt der Weg": *Kojenbrot mit Schmalz* (6,50) am Kamin – „mit leer getrunkenen Weinflaschen" dekoriert und „edlen Dingen" auf den Fensterbänken. Danach eilen die Teller-Jongleure „flink" und servieren *Kotelett vom irischen Donald-Russell-Beef mit Sauce béarnaise, grünen Bohnen, Pommes frites* (39,50) und *Milchreis mit Zimt und Zucker* (6,20) oder *mit Beerenfrüchten* (7,90). Die 480 Preziosen und 80 Tröpchen im Glas: „eine Wucht". Anmerkung: „Kontrolle in den WCs erweitern"!

Hot Places – der Sieger und alle Nominierten auf Seite 13

BAR TOP 10

WIIN KÖÖV — Weinstube

Kampen, Braderuper Weg 3, (0 46 51) 8 36 23 54
Offen: 17-o.e. Küche: 17-22.30
Gerichte/€: 15,90-29,50
Karten: A M V E

GÄSTE-URTEIL Essen **7** Trinken **9** Service **7** Atmosphäre **7**

Wein, Wein und kein Gesang? Gleich nach dem Eintritt in diesen „schmucken Laden" wissen „Vino-Freunde", worum es geht. Mehr als 230 „exzellente Tropfen" (13 glasweise) und darunter über 120 deutsche. Die „stehen und liegen überall rum". Nebenbei gibt's „richtig Schmackhaftes" aus der Küche. Für die Gästepaare sind *Tafelspitzbrühe mit Gemüsewürfeln* (6) und *Kalbsbäckchen in Madeirajus geschmort, Vichy-Karotten und Stampfkartoffeln* (29,50) „ein Traum". Zum Schluss das „i-Pünktchen" *Wiin Kööv's Vanilleeis mit Kürbiskernöl* (6). Am „Hoch-Glastisch aus Weinkisten" wird man „zur vollsten Zufriedenheit" bewirtet. Die Belegschaft „hat's drauf".

AARNHOOG TEE- & KAFFEE-STUUV Neue int. Küche

Keitum, Gaat 13, (0 46 51) 39 90
Offen: 8-12.30 (mit Anmeldung), 13-17, 18-22. Küche: 8-12.30,
13-16.45, 18-21.30. Gerichte/€: 16-28. Dinner-Budget/€: 50,80
Menü/€: Abend 36-69. Karten: A M V E

GÄSTE-URTEIL Essen **7** Trinken **6** Service **7** Atmosphäre **7**

Im Herzen „gemütlich". Der „Rückzugsort mitten in Keitum" mit „aufmerksamem" und „flinkem" Service. Viele Spaziergänger mögen „den Stil einer alten Scheune" und „wärmen sich gern" unter weißen Balken auf. Kleines Manko: „nichts für spontane Besuche". Ist man kein Hotelgast, gilt: „zum Frühstück anmelden". Abends „reservieren". Bei *Cremesuppe von der Steckrübe und Orange mit knusprigem Parmaschinken* (9) und *Tranchen von der Barbarie-Entenbrust auf Shii-Take-Pilzragout* (28) „wieder auftanken". Entspannung bei *hausgemachtem Milchreis mit heißen Kirschen* (6,50) auf der „wunderbaren Terrasse": „Herrlich!" Dazu einen von 20 Flaschenweinen (5 offen).

BENEN-DIKEN-KÖKKEN Neue internationale Küche

Luxus **TOP 10**

Keitum, Süderstr. 3-5, (0 46 51) 9 38 30
Offen: 18-22, Winter Do-Di 18-22. Küche: 18-22
Gerichte/€: 25-32. Dinner-Budget/€: 63,20. Menü/€: Abend 42-63
Karten: A D M V E

GÄSTE-URTEIL Essen **9** Trinken **9** Service **8** Atmosphäre **7**

Frei nach Hans Rosenthal: „Das war wirklich Spitze!" Gleich zum Start „herzlich", aber „durchaus angemessen distanziert" präsentiert sich die Helfer-Brigade. „Wohlfühlen von Anfang an" unter Schiffsmodellen. Die Kreationen von Maître Julien Dherbecourt „ein Genuss": *Rinderfilet-Carpaccio, Vanille-Tomaten-Marmelade und Postelein* (18), *friesischer Rehrücken unter einer Ingwer-Orangen-Kruste, Kartoffel-Sellerie-Baumkuchen und Quittenkompott* (29) und *warmes Schokoladenküchlein, Clementinenragout und Tasmanischer-Pfeffer-Eis* (14). Darüber hinaus 440 Preziosen, 11 im Glas. „Immer abgestimmt", sagen Hotelgäste und die, die sich „etwas gönnen" wollen.

FLORIANS ESS.ZIMMER Neue internationale Küche

Keitum, Gurtstig 2, (0 46 51) 3 18 84
Offen: 12-22, Winter 18-22. Küche: 12-14.30, 18-22
Gerichte/€: 25-36. Dinner-Budget/€: 59,80. Menü/€: Mittag 7-13/
Abend 42-59. Karten: M V E

GÄSTE-URTEIL Essen **8** Trinken **8** Service **8** Atmosphäre **7**

„Spitzenmäßig!" Die „bunt gemischte Gästeschar" lobt das „junge Team" um Kristina Kedak und Chefkoch Florian Marwede für die „übertolle Qualität". „Es stimmt einfach alles", finden Wiederholungstäter. Sogar die „Weinkarte wurde aufgestockt": jetzt 150 Flaschen, 7 offen. „Genial": *Tom yam: heiß-scharfe Thai-Fischsuppe* (11,50), *rosa Kalbsfilet mit Süßkartoffeln, Kräutersaiblingen* (26,50) und *Kristinas Bratapfel mit Eierlikör und Zimtparfait* (11) – „sooo gut". Die Einrichtung „schlicht": „kein Firlefanz", sondern schwarze Tische und „farbenfrohe Kissen". Dazu dem Koch beim Brutzeln in der „halboffenen Küche" zuschauen. „Sehr intim", da nur 26 Plätze.

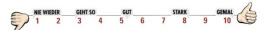

GRÜNHOF-STUBEN — Deutsch-bürgerlich

Keitum, Süderstr. 80, (0 46 51) 3 15 01
Offen: 18-22. Küche: 18-22
Gerichte/€: 10-21,50. Dinner-Budget/€: 34,90
Karten: E

GÄSTE-URTEIL Essen **6** Trinken **5** Service **6** Atmosphäre **5**

Wirklich „juute Laune" schwappt über. Auf ganzer Linie „überzeugt das Freundlichkeitskonzept" von Hausherrin Bianca Kuhlow. „Das Wohlgefühl bleibt", unterstützt durch die „schmackhaften Gerichte": *gebackener Schafskäse auf Blattsalat mit Trüffelhonig* (4,40) und *original Wiener Schnitzel vom Kalbsrumpsteak mit Bratkartoffeln und frischem Gemüse* (16,50). Der „All-Time-Favorite" ist und bleibt das *Gulasch vom Sylter Galloway-Ochsen* (14,50). Zum Finale ein *Zitronensorbet mit Wodka und Prosecco* (6,60). 18 „nette Tröpfen" (11 im Glas). Die Einrichtung: „altbacken" mit weißer Paneeldecke, hat aber „Charme". Das „lieben" Insel-Bewohner und Touris.

Maren Beßler / pixelio.de

KAMPS CAFÉ Galerie und Café — Café

Keitum, Gurtstig 41, (0 46 51) 9 83 90
Offen: 9-18. Küche: 9-17.30
Gerichte/€: 4,70-10
Karten: E

GÄSTE-URTEIL Essen **5** Trinken **5** Service **6** Atmosphäre **6**

Die zwei Ebenen. Das „schnuckelige Haus mit Reet" ist einen doppelten „Besuch wert": Zum einen zeigt Inhaberin Cornelia Kamp „ausgefallene und aktuelle Kunst". Zum anderen gibt's „die wahrscheinlich besten Kuchen". „Wie bei Oma", weil eigenhändig von Großmuttern Kamp gemacht. Bei *Milchkaffee* (3,30) kommen „Vorbei-Spazierer" und Kunst-Fans ins Gespräch. Dazu „schnabuliert" werden neben „warmen Suppen" die *Blechkuchen* (Stk./3,30) und *frischen Waffeln* (4,90). Auf „einfachem, hellem Holzmobiliar" sitzt's sich „gut". Durch „wechselnde Ausstellungen" sieht's „immer wieder anders aus". „Einfach nur toll": die Bedien-Crew. 2 Glasweine sind „Nebensache".

KARSTEN WULFF — Neue deutsche Küche

Keitum, Museumsweg 4, (0 46 51) 3 03 00
Offen: Mo-Sa 12-14.30, 17.30-o.e. Küche: 12-14.30, 17.30-22
Gerichte/€: 14-42. Dinner-Budget/€: 55,20. Menü/€: Abend 48
Karten: E

GÄSTE-URTEIL Essen **9** Trinken **8** Service **7** Atmosphäre **8**

„Einer der Besten!" „Alles aus dem Meer ist genial zubereitet." Auch der Rest ein „gehobenes Vergnügen", „sehr empfehlenswert", loben die High-End-Genießer. *Entenessenz* (6) oder *Dreierlei vom Matjes, Tatar, Guglhupf und Bruschetta mit Antipastisalat* (15): „vorzüglich". *Kaisergranat, ausgelöst und kurz in Olivenöl gebraten in eigener Sauce* (34) – „wow". Beim Dessert „keine Kompromisse": *Topfen-Knödel mit Zwetschgenröster* (7,50). 250 Rebsäfte, 11 im Glas – „schöne Auswahl" und „korrespondierend" dank „guter Beratung" vom Service mit „persönlicher Note". Genuss „gediegen" und hell: die Veranda. „Romantisch" am Abend zwischen Kerzen im Restaurant.

PIUS — Weinstube

Keitum, Am Kliff 5, (0 46 51) 8 89 14 38
Offen: 17-24, Sommer 16-24. Küche: 17-24, 16-24
Gerichte/€: 6,80-15
Karten: M V E

GÄSTE-URTEIL Essen **6** Trinken **9** Service **7** Atmosphäre **7**

„Alles im Griff." Pius Regli „ist voll auf Kurs" mit seinem Wein-Kleinod. Bei 300 Tropfen und 40 offenen ist „immer einer dabei" – „für jeden Weinfreak". Zu den „edlen Tropfen" passt *Käseauswahl Grande mit Walnüssen, Senf von Feigen und Orangen* (2-4 P. 23,50) „reicht mehreren". Die Belegschaft: „voll nett", „gut drauf". Neben vielen mit Rebsaft gefüllten Regalen sind die „Sitzplätze rar gesät", „eng bestuhlt". An „schwarzen Hockern und Hochtischen" tummelt man sich. Die *grünen Oliven, hausmariniert* (3,80) „ein guter Einstieg". Ein *Flammkuchen mit Käse und Lauch* (7,80) und die *Bourbon-Vanille mit steirischem Kürbiskernöl* (5,50) „geschmacklich top".

SALON 1900 — Mediterran

Keitum, Süderstr. 40, (0 46 51) 93 60 00
Offen: 12-2. Küche: 12-22
Gerichte/€: 12-34. Dinner-Budget/€: 46,30
Karten: A M V E

GÄSTE-URTEIL Essen **7** Trinken **7** Service **7** Atmosphäre **6**

„Altbewährte Qualität." Aus den Töpfen „kommt Solides". Alles ist „kreativ" und „schnörkellos" zubereitet: *knackiger Feldsalat mit Himbeerdressing, Speckkrusteln und Croûtons* (7,50), *Coq au vin: Hähnchenkeulen in Rotwein geschmort mit knackigen Gemüsen und bunten Nudeln* (16,50) – „richig yummi". Zur Kuchenzeit *hausgemachte Kirschstrudel mit Zimtsahne und Vanilleeis* (5,50). „Eine Sünde wert", finden ganze Familien. Der „Besuch gehört zum Inselaufenthalt", meinen Groß und Klein. Die sitzen „gemütlich" auf langen Bänken unterm Ventilator. 50 Rebsäfte, davon 14 Glasweine: „gute Auswahl". Die Teller-Transporteure sind „freundlich unterwegs".

Mit Liebe zum Detail eingerichtet: **Salon 1900**

TEESTUBE, DIE KLEINE — Café

Keitum, Westerhöm 2/Ecke Gurtstig, (0 46 51) 3 18 62
Offen: 10-18. Küche: 10-17.30
Gerichte/€: 4,40-16,50
Karten: Keine

GÄSTE-URTEIL Essen **5** Trinken **4** Service **5** Atmosphäre **7**

Grüner wird's nicht. Das gesamte Innere ist „in der Farbe der Hoffnung gehalten". Von der Theke über die lange Bank schaut es „wie eine Puppenstube" aus. Die Spaziergänger ordern *Ofenkartoffel mit Sour Creme und Lachs* (16,50) zur Stärkung. „Zum Aufwärmen optimal": *Hühnersuppe mit Gemüseeinlage* (5). Teezeit? „Monsterleckerkuchen" wie *Friesentorte* (Stk./3,30) probieren. Einige Dauergäste mäkeln über „Qualitätsverlust". Den meisten „schmeckt's hervorragend", etwa *Friesentee* (4,50) und *Blaubeerpfannkuchen* (7,50). Die Service-Ladys geben sich „bemüht" und „freundlich". Keinen Bock mehr auf Heißgetränke? 3 offene Weine im Ausschank.

ALTE BOOTSHALLE Gosch — Fisch

List, Am Hafen, (0 46 51) 87 03 83
Offen: 11.30-o.e. Küche: 11.30-22, Winter 11-20.30
Gerichte/€: 9,50-14,80. Dinner-Budget/€: 25,50
Karten: Keine

GÄSTE-URTEIL Essen **6** Trinken **7** Service **6** Atmosphäre **6**

„Kult auf Sylt." Mit „sympatischem Charme" verstehen die Service-Leute es, trotz des „großen Andrangs" eine „tolle Stimmung" rund um die Fischkutter-Bar und das Rettungsboot mit Fischerfiguren aufzubauen. Neben „Promis und denen, die gerne welche wären", rennt der Chef „emsig" herum – „nette Begrüßung" inklusive. Die *Bootshailen-Platte für zwei: verschiedene Edelfische und Thainudeln* (p.P. 14,80) „ist so riesig, da könnten glatt vier von satt werden". Der Nachtisch „schmeckt und geht immer": Egal ob „herzhafte" *Rösti mit Apfelmus* (2,80) oder „süß-gesunder" *Obstsalat mit Vanillesauce* (4,80). 69 Rebsäfte – „genial", dass alle (!!) offen angeboten werden.

Den Blick über den Strand schweifen lassen

ALTER GASTHOF — Neue deutsche Küche

List, Alte Dorfstr. 5, (0 46 51) 87 72 44
Offen: 13-o.e. Küche: 13-22
Gerichte/€: 10,90-31,80. Dinner-Budget/€: 43,80
Karten: A M V E

GÄSTE-URTEIL Essen **8** Trinken **8** Service **7** Atmosphäre **8**

„Echt friesisch." Das „Steuerrad an der Wand" und die „Schirmlämpchen an der Holzvertäfelung" sorgen für „passende Gemütlichkeit". Christa Kaplan geht in „die zweite Dekade" als Betreiberin und prägt den „familiären" Service. „Günstig und gut" sind die *Lister Austern 'Sylter Royal'* (Stk./3). Auch die 150 Weine mit 15 entkorkten Tropfen „machen einen guten Eindruck". *Mit Gemüse gedünstetes Dorschfilet, dazu eine Senfbuttersauce und Vichykarotten* (25,90) „schmeckt hervorragend". Sowas von „eine gelungene Sünde" für „große Schleckermäuler": *friesischer Eiergrog, Halbgefrorenes mit Erdbeermark und frischen Früchten* (9,90) – „zum Reinlegen".

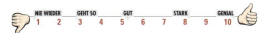

SYLT

AUSTERNMEYER — Feinkost-Imbiss

List, Hafenstr. 10-12, (0 46 51) 87 75 25
Offen: 12-22, Nebensaison Di-So 12-20.30. Küche: 12-21,
12-20.30. Gerichte/€: 10-59
Karten: M V E

GÄSTE-URTEIL Essen **7** Trinken **5** Service **7** Atmosphäre **5**

„Da kommt's her." Der Blick richtet sich „gleich ins Meerwasserbecken". All „das tolle Meeresgetier" kommt „superfrisch" und „flink" auf den „schlichten Holztisch" zwischen Karopolstern und gelben Wänden. Das „schmeckt": *6 Sylter Royal Austern* (14,40) „direkt aus dem Wasser". „Muss man probieren": *Spaghetti mit Jakobsmuscheln* (19,50). Dazu passt *Joachim Heger, Weißburgunder* (0,2 l/6) „hervorragend". Und hinterher *Pfannkuchen natur* (4,50). Service und Koch „supernett": „Obwohl die Küche grade geschlossen wurde, gab's trotzdem noch schnell was Pikantes." „Sehr flexibel" und „macht Laune". Etwas „mehr geworden": 20 Flaschenweine, 12 offen.

HAFENDECK Gosch — Fisch

List, Am Hafen, (0 46 51) 8 36 09 66
Offen: 10-o.e. Küche: 11-o.e.
Gerichte/€: 9,50-45. Dinner-Budget/€: 47,70
Karten: Keine

GÄSTE-URTEIL Essen **6** Trinken **7** Service **5** Atmosphäre **7**

„Me(e/h)r sehen." Dieser „Ausblick ist grandios". „Helle und moderne Einrichtung" und Fischskulptur an der Decke. Publikum ist „wild durch alle Alterklassen gemischt". Schade: Die Crew ist „freundlich" und „flott unterwegs", „vergisst aber Bestellungen". Das Prinzip der Küche klar: „ausreichend zu fairem Preis". Etwa *Tunfischtatar mit rosa Ingwer und Avocado-Creme* (12,50), *Surf'n'Turf, Rumpsteak und Bärenkrebsschwanz mit Grillgemüse* (28,50). Dessert: *Mango-Crème-brûlée mit Pistazieneis und Hippengebäck* (7,50). Abends an der Bar gibt's *Planter's Punch* (6,80) und freitags Action beim „Oldie-Abend". Weine: 30 „gute bis sehr gute" offene.

MER, LA im A-ROSA Sylt — Deutsch-französisch

List, Listlandstr. 11, (0 46 51) 96 75 08 27
Offen: Mi-So 19-22. Küche: 19-22
Gerichte/€: 30-48. Dinner-Budget/€: 88,30.
Menü/€: Abend 90-120. Karten: A M V E

GÄSTE-URTEIL Essen **8** Trinken **8** Service **8** Atmosphäre **8**

Der Aufsteiger. Auf den runden Sitzbänken mit hohen Rückenlehnen im „Salz-und-Pfeffer-Stil" (dazu viel Weiß und braune Vorhänge – „schick") lässt es sich „exzellent dinieren". Die „gehobene Küche" präsentiert im „stilvollen und eleganten Ambiente" *Symphonie vom bretonischen Hummer* (32) und *das Beste vom Sylter Lamm* (46). Die *Komposition von Himbeere und Schokolade* (18) „zergeht zart" und „verwöhnt den Gaumen". Dazu „überzeugt der Service": „sicher" und „zuvorkommend". Da kommen neben Hotelgästen auch „viele anspruchsvolle Gäste" „gerne wieder". Unter 245 Vini (24 glasweise) der „gut sortierten" Weinkarte versteckt sich manch „nette" Überraschung.

NATURGEWALTEN
Deutsch-bürgerlich

List, Hafenstr. 37, (0 46 51) 20 15 57
Offen: 9-o.e., Winter 10-o.e. Küche: 9-22, 10-21
Gerichte/€: 9-23,50. Dinner-Budget/€: 36,10
Karten: E

GÄSTE-URTEIL Essen **7** Trinken **8** Service **7** Atmosphäre **7**

„Traumhaft am Königshafen." Der Blick ist „wunderschön" und „kompensiert den Geräuschpegel aus der Küche", da wird's mal „laut". Aber das „breite Speisekartenangebot" „einfach vorzüglich". Die Museumsbesucher tendierten zu den „bodenständigen Gerichten" wie einer *Terrine Kartoffelrahmsuppe mit gebratener Rauchwurst* (5,50), gefolgt vom *hausgemachten Labskaus mit Spiegelei, Rollmops, Matjesfilet, Senf- und Salzgurke* (18). Die *Crème brûlée mit einer Nocke Sorbet* (7,50) „ein Genuss". Bei 180 Rebsäften warten 15 Glasweine. An „der Glas-Kuchenvitrine" vorbei auf „die Sonnenterrasse mit Strandkorb": „relaxen garantiert" mit „gutem Bringdienst". „Was will man mehr?"

Voigt's Alte Backstube: *Genuss in der Sonne*

VOIGT'S ALTE BACKSTUBE
Deutsch-bürgerlich

Moderat **TOP 10**

List, Süderhörn 2, (0 46 51) 87 05 12
Offen: 12-21, Okt.-Juli Do-Di 12-21. Küche: 12-21
Gerichte/€: 5,90-17,50. Dinner-Budget/€: 30,50
Karten: E

GÄSTE-URTEIL Essen **6** Trinken **6** Service **6** Atmosphäre **6**

Variationen satt. Dies ist der „Pfannkuchen-Himmel auf Erden", sagen jahrelange Stammgäste. „Es stimmt alles", urteilen die neuen Gäste von jung bis alt. Der *28 cm Pfannkuchen mit Entenfleisch und Rotkohl* (13,50) „kommt gut" im Wintergarten mit Blick aufs Reet. „Überlecker", finden viele. Ob da vorneweg noch ein *Vollwertsalat mit Sprossen und Keimlingen* (5,60) und ein *Schokopudding mit Vanillesauce* (5,40) Platz haben? „Ordentliche Portionen." Die „freundliche" Crew ist „auf Zack". Da macht's „Genießen im Strandkorb" oder auf „schwarzen Hochstühlen neben der roten Holzvertäfelung" „doppelt Spaß". Die 23 Weine im Glas aus 47 Tropfen sind „gut sortiert".

JÜRGEN INGWERSEN Café und Teestuben — Café

Morsum, Terpstig 76, (0 46 51) 82 33 46
Offen: 8-19, Nov.-März So-Fr 10-17. Küche: 8-18, 10-17
Gerichte/€: 4,90-15,50
Karten: Keine

GÄSTE-URTEIL Essen **5** Trinken **5** Service **6** Atmosphäre **7**

Für die große Pause. Der „Kuchen-Stützpunkt Nummer eins" der Insel, sagen „begeisterte" Torten-Fans und bestellen gleich *Sylter Rose mit Hagebuttenmark-Füllung* (Stk./3,30). Die Älteren sitzen an rot-weißer Streifentapete, „schwärmen" und ordern dazu *Eierlikör-Grog* (4,50) oder einen *großen Pott Ginger-Kaffee* (5,20). Die Kids schlürfen *Trinkschokolade* (3,80). „Freundliche" Service-Leute „beeilen sich", um die bunte Gästeschar „zu beglücken". „Karte erweitert": *Mango-Mozzarella-Salat mit Curry-Vinaigrette* (11,50). „Hier vergisst man die Zeit." Veränderungen sind geplant: Im Laufe des Jahres soll ein Wintergarten mit Kamin als dritter Gastraum kommen.

Nicht nur für Liebhaber des süßen Genusses: **Jürgen Ingwersen**

MORSUM KLIFF — Neue internationale Küche

Morsum, Nösistig 13, (0 46 51) 83 63 20
Offen: 10-22, Winter Di-So 10-22. Küche: 10-22
Gerichte/€: 17,50-34. Dinner-Budget/€: 51,20
Menü/€: Mittag 26,50/Abend 35-64. Karten: A M V E

GÄSTE-URTEIL Essen **8** Trinken **8** Service **6** Atmosphäre **6**

Für Romantiker. Nicht nur auf der „fabelhaften Terrasse", die meerseitig „einen wunderbaren Blick" bietet. Drinnen „stilvolle Einrichtung": Terrakotta-Wände und „goldgelbe Vorhänge". Alles „aufeinander abgestimmt". Die Kreation von Maître Janko Rahneberg „vielseitig". *Cremesüppchen von Morsumer Kartoffeln mit Katenschinken* (6,50) – „hach". „Sehr gut": *krosse Bauernentenbrust mit roh mariniertem Schnittlauchspitzkohl, Portweinzwetschgen* (21). Den „Klassiker" *Panna cotta mit marinierten Erdbeeren* (6,50) nehmen nicht nur „Yuppies". Hobby-Gourmets trinken 185 Weine und 12 offene. Der Service „mit Schwankung": mal „phänomenal", dann „unaufmerksam".

NES PÜK, LANDHAUS — Deutsch-französisch

Morsum, Nuurhörn 7, (0 46 51) 89 06 54
Offen: 10-24 . Küche: 10-24
Gerichte/€: 9,90-39. Dinner-Budget/€: 50,50
Karten: E

GÄSTE-URTEIL Essen **7** Trinken **7** Service **6** Atmosphäre **6**

„Newcomer startet durch", freut sich die zuvor bunte Gästeschar. „Drei Generationen übergreifende" Besucher, die sich „zum Stamm zählen", mögen das „liebevoll eingerichtete" Reethaus mit Sonnenterrasse. Kleine Details: Möwen und Leuchttürme vor cremefarbenen Wänden. Der Service: „nett" und „unkompliziert". Die Speisen von Chefkoch Johann Calteis „treffen den Nerv": *guatemaltekische Avocado mit Nordseekrabbensalat* (13,90) und *frischer Baby-Steinbutt in Mandelbutter gebraten mit Kräuterschwenkkartoffeln* (24,50). Dazu passt einer der 32 Weine (24 offen) wie der *Chablis* (0,2 l/8,60). „Wow": *Auf Wolke 7, hausgemachtes Vanille-Orangenparfait* (7,20).

Landhaus Nes Pük: *für Jung und Alt*

FÄHRHAUS — Neue internationale Küche

Munkmarsch, Heefwai 1, (0 46 51) 9 39 70
Offen: Di-Sa 18.30-o.e., Sommer Di-So 18.30-o.e.
Küche: 18.30-21.30. Gerichte/€: -. Dinner-Budget/€: 185,60
Menü/€: Abend 116-208. Karten: A M V E

GÄSTE-URTEIL Essen **10** Trinken **10** Service **9** Atmosphäre **9**

„Feuerwerk der Aromen." Was aus der Küche kommt, ist „immer ein Höhepunkt". Die Kreationen „sehr gewagt" und „köstlich im Geschmack": *Schaumsuppe von Curry und Erbse mit Minzöl* (18), dann ein *Karree vom Salzwiesenlamm in Ziegenmilch mariniert* (54) und *gefüllte Orangencannelloni mit Ziegenfrischkäsenougat, Rote-Bete-Sorbet* (16). „Kompliment" an Maître Pape von den „stylischen" Gourmetfreunden. Die „lieben" die „unglaublichen Geschmacksexplosionen". Die Teller-Jongleure stehen in nichts nach: „kompetent", „zuvorkommend". „Zu wenige offene" (10) unter 650 Weinen. „Viel gelobt": „diskreter Abstand zum Nachbarn", kleine Schirmlämpchen, neuer Anstrich.

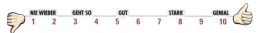

SYLT

KÄPT'N SELMER STUBE — Neue deutsche Küche

SEXY FOOD TOP 10

Munkmarsch, Heefwai 1, (0 46 51) 9 39 70
Offen: 12-o.e. Küche: 13-21.30
Gerichte/€: 14-38. Dinner-Budget/€: 55,20
Karten: A M V E

GÄSTE-URTEIL | Essen **8** | Trinken **9** | Service **7** | Atmosphäre **8**

Blindes Vertrauen. Die Schwärmer „loben in höchsten Tönen" den „Top-Sommelier" sowie den „persönlichen Empfang" der „tollen Service-Crew". Paare finden: „Den Empfehlungen kann man blind folgen." Das „zahlt sich aus" und „es wird immer ein guter Abend". Unter den Holzbalken und den Friesenkacheln an der Wand schmeckt das *Törtchen vom Wildlachs auf karamellisierter Roter Bete mit Amaranth* (12) „fantastisch". *Kross gebratenes Filet vom schottischen Biolachs auf Tagliatelle und Schwarzwurzelragout* (30) – „eine Punktlandung". *Gratinierter Weesby-Ziegenkäse mit Früchtebrot* (12). Die 650 Weine (10 im Glas) lassen „keinen Wunsch offen".

Hot Places – der Sieger und alle Nominierten auf Seite 13

COAST im Landhaus Rantum — Deutsch-mediterran

Rantum, Stilindeelke 1, (0 46 51) 15 51
Offen: 9-17, 18-22. Küche: 9-17, 18-22
Gerichte/€: 24-29. Dinner-Budget/€: 53,60. Menü/€: Abend 45-56
Karten: E

GÄSTE-URTEIL | Essen **7** | Trinken **8** | Service **7** | Atmosphäre **7**

Mittags wie abends: „immer ein Genuss!" Die Kreationen von Küchenchef Tobias Evers sind „einfach nur toll". Beim *Steckrübensüppchen mit Blutwurst-Apfel-Praline* (9) schlemmen nicht nur „die immer wieder neuen Gäste" mit. „Liebevoll dekoriert" ist *Sylter Deichlammrücken mit Lardo, Spitzkohl, schwarzen Nüssen und Couscous* (29) und „köstlich" ist's obendrein. Was Süßes? Dann *Kürbissavarin mit Kerneis und Preiselbeeren* (9), „mmmh". „Wiederkommen ist angesagt", um die „große Weinkarte" von 370 Flaschen (18 im Glas) näher zu betrachten. Auf dem Terrakotta-Boden zwischen lindgrüner Wandtäfelung sind die „fleißigen Helferlein" „flink unterwegs".

DORFKRUG RANTUM — Deutsch-bürgerlich

Rantum, Stündeelke 2, (0 46 51) 62 55
Offen: 12-15, 17-o.e., Mo 17-o.e. Küche: 12-15, 17-22
Gerichte/€: 12-29,90. Dinner-Budget/€: 43,70
Karten: E

GÄSTE-URTEIL Essen **6** Trinken **6** Service **7** Atmosphäre **6**

„Hoher Wohlfühlcharakter": Die Service-Mannschaft ist „amüsant", „recht warmherzig" und „aufmerksam". „Das gefällt", ebenso wie die Speisen „mit Unterhaltungswert": „schmackhaft zubereitet" und zu „vernünftigen Preisen". Nach *Ofenkartoffel mit Kräuterquark und Matjes* (8,80) ein *Rumpsteak vom argentinischen Rind mit grünem Pfeffer in Sahnesauce und Bratkartoffeln* (19,50). Die „Nachdrucke von bekannten Künstlern" sowie frische Blumen auf den „hübsch gedeckten Tischen" „animieren zum Verweilen". „Hach": Die *Crème brûlée* (7,80) „knackt wunderbar", finden nicht nur paarweise kommende Stammgäste um die 40. Mehr als 40 Weine, davon sind 12 bereits entkorkt.

*Romantische Abende im **Hus In Lee** verbringen*

HUS IN LEE — Neue internationale Küche

Rantum, Hörnumer Str. 26, (0 46 51) 2 15 89
Offen: 10-o.e., Winter Mi-Mo 12-o.e. Küche: 10-22, 12-22
Gerichte/€: 12,50-24. Dinner-Budget/€: 41,60
Menü/€: Mittag 14,50/Abend 29-79
Karten: E

GÄSTE-URTEIL Essen **7** Trinken **8** Service **7** Atmosphäre **7**

„Gemütliche Enge." Die Stühle und Tische stehen „teilweise sehr dicht" beieinander, das ist nur für wenige „ein Problemchen". „Altes Friesen-Porzellan" gepaart mit „modernen Tanzszenen in Gemälden" empfinden einige als „No-go". Trotzdem meinen viele: „sehr gemütlich eingerichtet". Die „hervorragende Küche" und das „gut aufgelegte Personal" sorgen für *pikante Karotten-Ingwersuppe mit Nordseekrabben* (6,80). *Korallenfischfilet im Kartoffelmantel auf Weinschaumsauce mit Gemüsen der Saison* (19,50) – „perfekt". *Apfeltarte frisch aus dem Ofen mit Vanilleeis* (8,50) – „mmmmmmmh". Von über 200 Weinen sind 13 im offenen Ausschank zu haben, da „passt immer einer".

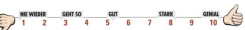

RICHTER'S RESTAURANT — Deutsch-mediterran

Rantum, Hörnumer Str. 5, (0 46 51) 9 95 48 10
Offen: 12-22. Küche: 12-22
Gerichte/€: 9,50-19,50. Dinner-Budget/€: 32,20
Karten: E

GÄSTE-URTEIL Essen 6 | Trinken 6 | Service 6 | Atmosphäre 6

Ein Hauch Mittelmeer. Während Servicechef Lars Richter „flott zu Fuß ist" und bei der „Auswahl gut berät", „zaubert" Küchenchef Daniel an den Töpfen. Die Mischung aus „regio-mediterranen Speisen" wie *Tomatensuppe mit hausgemachtem Pesto und Parmesan* (3), anschließender *Nordsee-Scholle 'Müllerin' mit Bratkartoffeln* (16,50) und *Milchreis mit Apfelmus* (5) „ist gut für kleine Geldbeutel". 11 Glasweine, „das ist wenig". Aber die über 60 Spirituosen wie der Grappa *Villa Varda Sauvignon Blanc* (0,02 l/6) – „spitzenklasse". Kids „können draußen toben", während die Eltern drinnen unter dem Flaschenbrett auf schwarzen Sitzgelegenheiten weiter plaudern.

***Richter's Restaurant**: Urlaubsfeeling garantiert*

SANSIBAR — Neue internationale Küche

Rantum, Strand Sansibar, (0 46 51) 96 46 56
Offen: 10.30-o.e. Küche: 10.30-23
Gerichte/€: 12-70. Dinner-Budget/€: 69,10
Karten: A D M V E

GUTE-LAUNE-LOKALE TOP 10

GÄSTE-URTEIL Essen 9 | Trinken 10 | Service 8 | Atmosphäre 8

„Nie ohne", „ein Muss". „Diesen Trubel muss man gesehen haben!" Der „beliebteste Schuppen" der Insel mit „hoher Promi-Garantie". „Der Klassiker" mit langen Tischen und Holzbalken. Menschen über Menschen: „Massenabfertigung" der „Seckler-Jünger" und Neugierigen. Bedienung trotzdem „kompetent" und „zuvorkommend". Man wird „nie enttäuscht". Die Speisen sind „qualitativ sehr hochwertig": *Cremesuppe vom Butternut-Kürbis mit Croûtons und Kürbiskernöl* (8), *Nordseeseezunge mit Salzkartoffeln* (42), *Kaiserschmarrn mit allem Drum und Dran* (14) – wenn es voll ist, auch mal „auf den sandigen Stufen" verzehrt. 1.100 Preziosen (23 offen): „gnadenlos gute Auswahl".

SCHAPER'S im Watthof — Neue internationale Küche

Rantum, Alte Dorfstr. 40, (0 46 51) 8 02 20
Offen: Mi-Mo 14-24. Küche: 14-22.30
Gerichte/€: 22-36. Dinner-Budget/€: 60,00. Menü/€: Abend 36-78
Karten: M V E

GÄSTE-URTEIL Essen **8** Trinken **9** Service **6** Atmosphäre **8**

„Frisch und gediegen." Zwei Attribute, die genau aufs Hotel-Restaurant mit blauen Stühlen und Vorhängen zutreffen, sagen die gehobenen Hausgäste. Die Kreationen an der grünen Anrichte: „exzellent". *Rote-Bete-Suppe mit Matjes und Dillschaum* (9). „Ein Gedicht" der *gebratene Heilbutt unter Walnuss-Ricotta-Kruste auf grünem Spargel mit geräucherter Paprikamousseline* (27) – „auf den Punkt gebracht". „Grandios": *gebratener Lammrücken auf Pastinakenpüree in Bohnen-Pot-au-feu* (26). Das Personal: „professionell", aber „überraschend distanziert". Manche fragen sich: „Kinder gern gesehen?" Weinauswahl „erträglich bepreist": 350 Flaschen, 23 offen.

Promi-Tipps

Kai Rodovsky, Vorstand McLaren Hamburg
Egal, ob ich geschäftlich oder mit meiner Freundin auf Sylt bin: Im **Hotel Stadt Hamburg** (→ 109) und im dortigen **Restaurant** (→ 88) fühle ich mich jederzeit gut aufgehoben. Vom Polo-Turnier zurück oder nach langen Spaziergängen entspanne ich bei Monika und Harald Hentschel richtig. Gerne schaue ich in der **Vogelkoje** (→ 50) oder bei **Jens'ns Tafelfreuden** (→ 47) vorbei.

Christel Heilmann, Juwelierin und Sylt-Kennerin
Kampen ist außergewöhnlich. Hier liegen Vergnügen, Ruhe und die besondere Inselatmosphäre nahe beieinander. Kulinarisch hat man die Qual der Wahl. Es gibt viel Erstklassiges zu entdecken: Oft zieht's mich ins über Jahre unverändert charmante **Gogärtchen** (→ 45). Die **Sturmhaube** (→ 49) ist wieder richtig gut geworden. Auch im neuen **Rauchfang** (→ 38) gibt's keine Enttäuschung.

SEEPFERDCHEN SAMOA — Neue internationale Küche

Rantum, Hömumer Landstr. 70, (0 46 51) 55 79
Offen: 12-o.e. Küche: 12-22
Gerichte/€: 15-36,50. Dinner-Budget/€: 50,40.
Menü/€: Abend 44,50. Karten: M V E

DIE NOMINIERTEN

GÄSTE-URTEIL Essen **8** Trinken **7** Service **8** Atmosphäre **8**

Oben auf der Düne! Da liegt ein „toller Zwischenstopp für Radler". „Kopf recken zum Meergucken" oder an der Reling auf Barhockern Platz nehmen. Während man auf der „gemütlichen Terrasse" sitzt, „hört man's rauschen". Dazu löffelt Jung und Alt „wirklich schöne" *Holsteiner Kartoffelsuppe mit Rauchwurst und Lauch* (7.10). „In den Strandkörben" sitzt man „unterm Segel" bei *Scampipfanne mit mediterranem Röstgemüse und Tomaten-Olivenbaguette* (23,50) und *Limonensorbet, aufgegossen mit Prosecco* (6,50). Dazu bringt das „aufmerksame" Personal 100 Weinflaschen (15 im Glas). Die Crew ist „flott unterwegs": „Getränke-Lieferung dauerte keine drei Minuten". „Toll!"

SÖL'RING HOF im Dorint Söl'ring Hof — Französisch

Rantum, Am Sandwall 1, (0 46 51) 83 62 00
Offen: Mo-Sa 18.30-o.e. Küche: 18.30-22
Gerichte/€: 39-54. Dinner-Budget/€: 116,30.
Menü/€: Abend 129-138
Karten: A D M V E

GÄSTE-URTEIL Essen **10** Trinken **10** Service **9** Atmosphäre **10**

Der Insel-Star. „Präzise", „schmackhaft" und „intelligent zubereitet". Maître Johannes King versteht es, „regionale Produkte in Kunst zu verwandeln". „Exzellent angerichtet": „nur das Nötigste", manchmal „auf schicker Schieferplatte". *Meeräsche mit Wildkräutern und marinierter Morsumer Garten-Bete* (34), *Kotelett vom Steinbutt in Salzbutter gebraten mit Zitronenthymian, für 2* (p.P. 44), *Friesenschnittchen mit geeistem Zwetschgenknödel* (18) – „Doppel-Wow" in „edler" Einrichtung mit dunklem Parkett. Dazu erfreuen 1.000 Weine (10 im Glas) die betuchten „First-Class-Gäste" – „immer mit der richtigen Empfehlung" von den „dienstbaren Geistern".

Maren Beßler / pixelio.de

SYLT-QUELLE — Neue internationale Küche

Rantum, Hafenstr. 1, (0 46 51) 9 20 33
Offen: 10-o.e., Winter 10-18. Küche: 10-20, 10-18
Gerichte/€: 10,90-26,50. Dinner-Budget/€: 39,00
Karten: E

GÄSTE-URTEIL Essen **6** Trinken **6** Service **5** Atmosphäre **7**

Den Rundumblick genießen. Dazu kommen in den Glasbau mit „Leuchtturm-Charakter" nicht nur Kulturinteressierte zu Kunst und Kabarett, sondern auch Wassertester. Die H_2O-Freunde „zapfen selbst" alle Wassersorten des Hauses nach Bedarf. Aus der „kleinen, aber feinen Küche" kommen „Klassiker" wie *Cocos-Curry-Cremesuppe* (4,90) oder *Saltimbocca vom Kabeljau auf warmer Tomaten-Vinaigrette mit Mandelspaghetti* (21,90): „mjam". Nachher wartet *Cassis-Sorbet auf Melonensalat* (6,90). Unter 33 Weinen befinden sich 20 offene. Die Teller-Crew ist immer „fröhlich". Das Team serviert um die schmalen weißen Säulen auf „schweren Tischdecken" „immer flott".

BODENDORF'S im Landhaus Stricker Mediterran

Tinnum, Boy-Nielsen-Str. 10, (0 46 51) 8 89 90
Offen: Di-Sa 19-o.e. Küche: 19-22
Gerichte/€: 29-46. Dinner-Budget/€: 87,60.
Menü/€: Abend 98-128
Karten: A M V E

GÄSTE-URTEIL Essen **10** Trinken **10** Service **9** Atmosphäre **9**

Punktlandung! Es „stimmt alles". Die Tellercrew „perfekt" und „freundlich" sowie „souverän und omnipräsent". Sommelier Hoyer „glänzt mit Informationen zur Weinbegleitung": 950 Sorten zur Wahl, 20 offen. „Ein verdienter Stern", sagen Hotelgäste und Gourmetfreunde, die „gediegen-modern" unter Goldrahmenspiegeln sitzen. Der *Steinbutt mit mariniertem Schweinekinn mit Petersilien-Emulsion, Panchette-Schaum* (34) kommt „genau richtig". „Wahnsinn": *Wagyu-Entrécôte mit Gänsestopfleber-Ravioli, glacierten Artischocken* (46) und *Valrhona-Guyana-Schokoladen-Mousse mit glaciertern Pflaumen, Portwein-Ziegenkäse-Eis und gebackenen Schokoladenkrapfen* (14).

Ankommen: über den Bahnhofsvorplatz an den grünen Riesen vorbei

EICHE, ZUR Deutsch-bürgerlich

Tinnum, Zur Eiche 38, (0 46 51) 3 11 44
Offen: Do-Di 11.30-14, 17-o.e. Küche: 12-14, 17.30-22
Gerichte/€: 10-24. Dinner-Budget/€: 37,80. Menü/€: Abend 16-25
Karten: E

GÄSTE-URTEIL Essen **6** Trinken **7** Service **6** Atmosphäre **6**

„Liebevoll und schnörkellos." Was Familie Jaschinski mit ihrer „netten" und „zuvorkommenden" Crew auf die Beine stellt, ist „angenehm ohne Schnickschnack", finden Touristen-Familien und Insulaner. „Der Dauerbrenner": *Krabbensuppe* (6) – „ein Muss". Wer sich „einen Mottotag" aussucht, trifft donnerstags auf *Spareribs* (16,50) oder sonntags auf die „beste" *Haxe* (15,50). Noch Platz für *Apfelpfannkuchen* (6)? Die 64 Weinchen „schmecken gut", 18 entkorkte „überzeugen". Raucherraum mit 30 Plätzen, der ist „gut abgeschottet". „Neben großformatigen Blumenbildern" sind die „sommerlichen Farbtöne" ein „guter Kontrast zur Holzvertäfelung".

STRICKER, RESTAURANT — Neue deutsche Küche

Tinnum, Boy-Nielsen-Str. 10, (0 46 51) 8 89 90
Offen: 18-o.e., Sa+So 12-14, 18-o.e. Küche: 18-22, 12-14
Gerichte/€: 15-36,50. Dinner-Budget/€: 59,40. Menü/€: Abend 72
Karten: A M V E

GÄSTE-URTEIL Essen **8** Trinken **10** Service **7** Atmosphäre **8**

„Der Kick!" Manche der „verwöhnten Gaumen" vermissen ihn, andere finden „die hohe Quali" im „ausgewogenen Mahl" „sehr gut". Ein „echtes Insel-Entree": *Sylter Royal mit Estragon überbacken* (Stk./3,40). Dann *gebratener Zander mit Liebstöckel-Kartoffelstampf, Wurzelgemüse* (24,50). Das *Feuilleté von weißer und dunkler Schokolade mit glasierten Nektarinen, Pinienkern-Krokant* (8,50) „erfreut das Herz". Die 750 Preziosen (20 offen) „eine wahre Freude". „Schwächen geblieben": Leider „fehlt das Persönliche" im Service und manchmal „wird etwas vergessen". Aber die Teller-Crew ist dennoch „gut". „Schöne Details": der Bronzehund unterm Lampenschirm.

ADMIRALS STUBEN — Neue internationale Küche

Wenningstedt, Strandstr. 21-23, (0 46 51) 94 00
Offen: 7-o.e. Küche: 12-14, 18-22
Gerichte/€: 14-26. Dinner-Budget/€: 48,60. Menü/€: Abend 38-49
Karten: A D M V E

GÄSTE-URTEIL Essen **7** Trinken **7** Service **7** Atmosphäre **7**

Ohne Tadel. Viel Lob von den Hotelgästen: die Mannschaft „sehr aufmerksam". Azubis „gut in Ablauf integriert", auch „zu später Stunde". Bei den Speisen: „hohe Qualität", „schön arrangiert" und „punktgenau": Auf *Fjordlachs und Seezungenfilet, roh mariniert mit gefüllter Parmesan-Cannelloni und buntem Salat in Wasabi-Pfeffer-Vinaigrette* (12) folgt *gegrilltes Schwertfischsteak auf einem Ragout von Champignons und Oliven an Knoblauch-Limonen-Jus und Risolée-Kartoffeln* (21). Dessert neben dem „Modell des alten Windjammers": *Limettenknödel in Haselnusskrokant mit Grapefruit-Camparigelee, Cassis-Vanilleeis* (9,50). „Wohl gewählt": 76 Tropfen, 14 im Glas.

FITSCHEN AM DORFTEICH — Neue int. Küche

Wenningstedt, Am Dorfteich 2, (0 46 51) 3 21 20
Offen: Mi-Mo 12-o.e., Juli+Aug. 12-o.e. Küche: 12-22
Gerichte/€: 12-29. Dinner-Budget/€: 48,90.
Menü/€: Mittag 54-72/Abend 54-72. Karten: A M V E

GÄSTE-URTEIL Essen **7** Trinken **8** Service **7** Atmosphäre **7**

Voller Komplimente. Egal, ob der „freundliche und unkomplizierte" Familien-Service oder die „exzellenten Speisen": Alles wird von Doktoren und „älteren Herrschaften" gelobt. „Einfach genial": *Tortellini von der Keitumer Flugente* (14,50) zum Start – „ahhh"! Dann der *gefüllte Ochsenschwanz* (23) „mit Traumsauce". Zum Abschluss *Schwarzwälder Kirschparfait* (9,80). Alles „zu fairen Preisen". „Gut sortierte" Weinkarte: 115 Tropfen, davon 12 als Schoppen, „erfüllen den Anspruch". Das „charmante Flair" der Einrichtung mit „weißen Balken" und „Schaf- und Blumen-Gemälden" bestätigt's: Viele Stammgäste „kommen mit Freude wieder" ins kleine Friesenhäuschen.

GOLF-CLUB SYLT — International

Wenningstedt, Norderweg 5, (0 46 51) 9 95 98 41
Offen: 10-22, Winter Di-So 10-17. Küche: 10-22, 10-16
Gerichte/€: 7-26. Dinner-Budget/€: 35,40
Karten: D E

GÄSTE-URTEIL Essen **6** Trinken **6** Service **7** Atmosphäre **7**

Die kulinarische Runde. „Kurz vorm Abschlag" gibt's für Golf-Freunde *Riesencurrywurst mit Pommes frites* (7). Nach der Runde: *19th Hole Burger: Rinderhacksteak mit Salat, Tomate, Gurke, Zwiebel und Pommes frites* (9) oder das „wunderbar saftige" *rosa gebratene Roastbeef mit Bratkartoffeln* (16,50). Die Mannschaft „ist flott zu Fuß", „aufmerksam" und bringt einen der 40 Flaschenweine (11 offen). Danach ein „fruchtiges" *Sorbet* (3) probieren, weil's „erfrischend anders" ist. Am runden Tisch im Atrium sitzt man zentral. Die „Promi-Dichte hoch", aber „der Sport steht im Vordergrund". „Privatsphäre garantiert": reichlich „Platz auf zwei Etagen".

Hot Places – der Sieger und alle Nominierten auf Seite 13

GOSCH AM KLIFF — Imbiss

Wenningstedt, Strandstr. 27, (0 46 51) 4 56 88
Offen: 10-o.e. Küche: 11-23
Gerichte/€: 9,50-15
Karten: Keine

GÄSTE-URTEIL Essen **6** Trinken **4** Service **4** Atmosphäre **6**

„Ewig volles Haus." „Die unzähligen Gosch-Jünger stehen sich die Füße platt." Der Grund liegt auf der Hand: Das „super Fischangebot" bei „grandiosem Meerblick" ist „unschlagbar": *Antipasti mit Meeresfrüchten* (5,50) oder „den Bestseller" *Lachs-Spaghetti-Pfanne* (13,50) ordern. Die Crew hinterm Tresen ist „echt in Ordnung" und pflegt einen „ungezwungenen Umgangston". „Die Entdeckung" ruft nach Nachahmern: *Curry-Wurst-Scampi* (6,80). Der *Milchreis mit Zimt und Zucker* (4,50) „ein Klassiker". 13 Schoppenweine. Neues Outfit wird 2012 erwartet: kompletter Neubau in Planung. Dann soll die „Schnellimbiss-Atmo" mit Wintergarten Geschichte werden.

Franziskaner WEISSBIER
SCHLEMMEN MIT FREUNDEN TOP 5

MEERESBLICK
Deutsch-mediterran

Wenningstedt, Strandstr. 22, (0 46 51) 4 44 22
Offen: 11-o.e. Küche: 11-22
Gerichte/€: 11-28. Dinner-Budget/€: 42,50. Menü/€: Abend 29-34
Karten: A M V E

GÄSTE-URTEIL Essen **7** Trinken **7** Service **6** Atmosphäre **6**

„Man ist Gast, nicht Tourist." Das freut Doktoren und Best Ager. Die „freundliche Service-Crew" ist „topfit" und weiß Bescheid: Man sollte „den Empfehlungen folgen". *Filet vom Seelachs unter Ciabattakruste auf Tomaten-Gurkensalat* (13) und *Rücken vom Sylter Salzwiesenlamm auf Wirsing-Birnen-Melange mit blauen Beeren und Mohnpolenta* (23) „schmecken toll" und sind „schön angerichtet". Dessert klassisch: *Panna cotta mit frischen Waldbeeren* (7). „Versteckte Spitzengewächse" unter den 125 Rebsäften (15 offen) im „schönen Ambiente" genießen: „gepflegte Tischeindeckung", „roter Teppich" sowie Holz-Vertäfelung und „tolle Aussicht" beim „Blick aufs Wasser".

Premium TOP 10

OLIVE im Hotel Strandhörn
Mediterran

Wenningstedt, Dünenstr. 20, (0 46 51) 9 45 00
Offen: 13-22. Küche: 13-21.30
Gerichte/€: 8,50-32. Dinner-Budget/€: 45,50
Menü/€: Mittag 12,80-22/Abend 35-65
Karten: A E

GÄSTE-URTEIL Essen **8** Trinken **9** Service **8** Atmosphäre **7**

„Ausgezeichnet!" Chefkoch Dirk Lässig und das „sehr freundliche zurückhaltende Personal" versorgen Hotelgäste und Doppel-Verabredungen „very charming". Man sitzt im Halbrund umrahmt von Blumenbouquets. Die Gerichte: „sommerlich frisch" zubereitet. Neben *Grissini mit Holsteiner Katenschinken auf Feldsalat in Kartoffeldressing* (7,60) wartet *Meeräsche in Rosmarin gebraten auf mediterranem Gemüse* (18). „Ist toll" und man „fühlt sich nicht zu satt". Deshalb „passt das Dessert": *Crêpe mit Limettencreme gefüllt auf warmem Heidelbeerragout mit Erdbeereis* (7,50) – „ohne Blick auf die Waage". Bei 570 Preziosen nur 6 Glasweine? Könnte „mehr sein".

CAMPARI
LIEBLINGS-ITALIENER TOP 5

PERGOLA, LA
Italienisch

Wenningstedt, Dünenstr. 6, (0 46 51) 4 61 08
Offen: 11.30-15, 17-23, Nebensaison 17-23.
Küche: 11.30-14.30, 17-23. Gerichte/€: 5,50-27
Dinner-Budget/€: 37,60
Karten: E

GÄSTE-URTEIL Essen **7** Trinken **6** Service **6** Atmosphäre **5**

„Bella köstlich" im Keller. Die Umgebung und „das Drumherum" sind „unkompliziert und familienfreundlich". Das Souterrain „etwas dunkel", „die Holzdecke drückt ein wenig". Dafür „lachen" vom Cheffe zu den Ragazzi alle „herzlich" mit Eltern, Kids und Radwanderern. Seit mehr als 15 Jahren ist „der Kleidungsstil leger". Die Stiefelküche „perfetto". Eine inseltypische *Sylter Krabbensuppe mit Cognac* (8,90) hat „italienischen Einschlag" – „molto bene". Die *Pizza Quattro Stagioni* (11,90) „knusperleckerst" zubereitet. Da möchte man „mehr haben". Als Dolce *Panna cotta* (5,50) „der Klassiker schlechthin". Unter den 20 Weinen ist die Hälfte offen.

TAMPE'S RESTAURANT — Neue deutsche Küche

Wenningstedt, Westerlandstr. 12, (0 46 51) 4 26 53
Offen: Do-Di 17.30-o.e. Küche: 17.30-o.e.
Gerichte/€: 13,50-26. Dinner-Budget/€: 45,30.
Menü/€: Abend 32-46. Karten: A M V E

GÄSTE-URTEIL Essen **8** Trinken **8** Service **8** Atmosphäre **7**

Ein fester Begriff. In Wenningstedt „nicht mehr wegzudenken". Die zahlreiche Stammkundschaft im mittleren Alter „kommt gerne" und „oft". Nicht nur wegen des *Oyster Shooters: Auster mit Bloody Mary* (3,10). Eine *Tomate und Avocado mit Speck in Balsamico* (9,50), gefolgt von *Heilbutt aus dem Ofen mit Sauce béarnaise, Kartoffeln* (24,50) sowie *Dreierlei Jogurteis mit Früchten* (8,50) – es gibt „nichts zu meckern" an den Kreationen von Norbert Tampe. Genau wie beim Service: „ausgesprochen herzliche" und „nie aufdringliche" Crew. Ein Drittel der Weine (60 Flaschen) offen. Bei der Einrichtung gibt es Vorschläge: Zu „viel Rot" und „die rosa Wand überstreichen".

Gemütliches Beisammensein im **Wenningstedter Krug**

WENNINGSTEDTER KRUG — Mediterran

Wenningstedt, Hauptstr. 1, (0 46 51) 9 46 50
Offen: 8-24, Winter Do-Di 17.30-23. Küche: 11.30-22, 17.30-22
Gerichte/€: 15-22,50. Dinner-Budget/€: 41,70
Menü/€: Mittag 6,80-22,50/Abend 28,50. Karten: M V E

GÄSTE-URTEIL Essen **7** Trinken **7** Service **8** Atmosphäre **8**

Hinein in die bunte Stube. An „Farbvielfalt" mangelt's nicht: „milchig-grüne Holzvertäfelung" und „bunte Blümchen" auf den Tischen. Nicht nur Stammgäste freuen sich über „den schönen Empfang". Die *5 Sylter Austern in Knoblauchbutter gebraten mit Zitrusfrüchten* (14,50) und *Karree vom Lamm unter einer Basilikumkruste auf Rosmarinjus mit Speckbohnen* (22,50) schmecken „herrlich". Beim *Rotzungenfilet* (15) gehen die Meinungen auseinander: von „uninteressant im Geschmack" bis zu „exzellent gelungen". „Guter Snack": *Feigen mit geschmolzenem Gorgonzola* (10,50) und „als Dessert mal was anderes". „Ordentliche Weinkarte": über 100 Tropfen, 15 offen.

SYLT

GUTE-LAUNE-LOKALE TOP 10

WONNEMEYER International

Wenningstedt, Am Strand Nr. 1, (0 46 51) 4 52 99
Offen: 11-o.e., Nebensaison 11-22. Küche: 11-o.e., 11-22
Gerichte/€: 8-35,50. Dinner-Budget/€: 44,60
Karten: E

GÄSTE-URTEIL Essen **5** Trinken **7** Service **6** Atmosphäre **7**

Der Chill-out-Ort. „Für 'nen Drink" lassen sich viele Strandspaziergänger „gerne nieder", weil's „wunderbar gemütlich" ist. Das Gros der Gäste – darunter viele Familien – „begeistert nicht immer, was aus der Küche kommt". Trotz „jungem, nettem Team" sind *Kartoffel-Lauchsuppe mit Krabben* (6,50) sowie *Hummer aus dem Nordseewasser, 500 g* (35,50) „woanders besser". Doch die *Föhrer Miesmuscheln* (15,50) sind „leicht pikant" und „sehr genehm". „Echt okay": die 40 Tröpfchen (15 im Glas). Während die Kids „im Holzschiff Pirat spielen", genießen die Eltern „den besten Sonnenuntergang" von der Terrasse aus. Oder sitzen an der Theke unter Kreidetafeln.

BAR TOP 10

54° NORD im Dorint Hotel Hotel-Bar

Westerland, Schützenstr. 22-26, (0 46 51) 85 00
Offen: 17-1. Küche: 17-23
Gerichte/€: 19,50-21,50
Karten: A D M V E

GÄSTE-URTEIL Essen **5** Trinken **8** Service **7** Atmosphäre **7**

Offen und dunkel. Der Kamin „knistert schön". Der „braune Boden bietet einen tollen Kontrast zum Feuer". Die Getränke sind „nichts für Kids", trotz des „Namens der Zeichentrickserie": *Pinky and the Brain: Licor 43, Malibu, Erdbeerpüree, Sahne, Maracujasaft* (11) „kurz vor der Weltherrschaft". „Gemütlich" mit *Sylt-Cruising: Cachaça, Champagner, Grapefruitsaft, Limettensaft, Grenadine, Maracujasaft* (11) lassen's Hotelgäste und deren Freunde angehen. Wer Hunger hat, wählt einen *großen Salatteller mit Riesengarnelen* (19,50). Die „Schüttel-Crew" macht den „Aufenthalt zum Vergnügen" und serviert außerdem „fix" 110 Weine (15 im Glas).

ALTE FRIESENSTUBE Deutsch-bürgerlich

Westerland, Gaadt 4, (0 46 51) 12 28
Offen: 18-22.30, Nebensaison 18-22. Küche: 18-22.30, 18-22
Gerichte/€: 14,50-32. Dinner-Budget/€: 49,40
Karten: E

GÄSTE-URTEIL Essen **7** Trinken **8** Service **8** Atmosphäre **8**

Friesisch durch und durch. „Wunderbar", der „alte Gasthof mit Reet", stellen Wiederholungstäter „immer wieder gerne" fest. *Matjes, fien hackt und lecker anmaakt op uns eegen Aart: Matjes nach Art des Hauses* (10,50). Das „gefällt". Portionen riesig: manches „hätte für vier gereicht". *Steinbeter in Bodder braden: Steinbutt in Butter gebraten mit Kartoffel-Sauerkraut-Püree* (22,50) und *Vanille-Quarkmousse mit Erdbeermark* (7,50) machen „glücklich". „Schnell und unauffällig" die Tellerträger. Ein „gemütliches Dinner zu zweit": „perfekt" zwischen Kachelwänden, Holzvertäfelung und „schummrig-schönem Kerzenlicht". 100 Weine und „unglaubliche" 80 offen.

*Impressionen aus der Luft: **Wonnemeyer**, Bild rechts →*

ALTES ZOLLHAUS — Mediterran

Westerland, Boysenstr. 18, (0 46 51) 44 94 43
Offen: Mai-Sep. 12-1, Okt.-Apr. Di-So 17-1. Küche: 12-22.30, 17-22.30. Gerichte/€: 19,50-25,50. Dinner-Budget/€: 48,40
Menü/€: Abend 29-39
Karten: D M V E

GÄSTE-URTEIL Essen **7** Trinken **8** Service **7** Atmosphäre **8**

„Ein Muss!" Wer die „stimmungsvolle", „romantische" Atmosphäre genießen will, sollte „auf jeden Fall vorbeikommen". Bei „viel Kerzenlicht" im Backsteinhaus findet man „herrliche" Kreationen. Und „nette Kontakte" durch „eng gestellte Tische". Die Crew: „leger in Kleidung und Stil". „Hochpreisig", aber „jeden Cent wert", sagen Ewig-Verliebte: nach *Gurkenkaltschale mit gebratenem Gamba* (8,50) ein *rosa gebratener Lammrücken mit getrüffeltem Spitzkohl* (25,50), so „schön zart". *Erdbeerquarkterrine mit Orangen-Minz-Salat* (7,50). Nicht nur an den Hochtischen in der Weinlounge schmecken über 100 „feine Weine" und 20 entkorkte „wunderbar".

Immer gut für einen romantischen Abend: **Altes Zollhaus**

BADEZEIT Strandrestaurant — Deutsch-mediterran

Westerland, Dünenstr. 3/südl. Strandpromenade,
(0 46 51) 83 40 20. Offen: 10-o.e., Winter 11.30-22
Küche: 10-21, 11.30-22. Gerichte/€: 14,90-26,50
Dinner-Budget/€: 40,40. Karten: E

GÄSTE-URTEIL Essen **6** Trinken **6** Service **5** Atmosphäre **6**

Über „100 Strandkörbe im Blick" von der „genial gelegenen Terrasse". Am Ende der Kurpromenade „überschaut man den ganzen Strand". „Was für Romantiker": der Sonnenuntergang. Auch das Interieur „komplett rot" gehalten. Die Küche: ein deutsch-mediterraner Mix. „Gelungen" und „deutlich verbessert": *Karotten-Ingwer-Süppchen mit gebratenen Scampi* (7,50). „Ein Gedicht": *Surf and Turf vom Entrecôte und großen Black-Tiger mit Aioli- und Chili-Dip und Rosmarinkartoffeln* (18,50). Wirklich „yummie" der Nachtisch: *Apfel-Marzipan-Gratin auf warmer Baileys-Sabayon* (7,50). Die Teller-Jongleure „sprechen Empfehlungen aus". 38 Tropfen, 10 glasweise.

BIERSTUBE im Hotel Roth — Deutsch-bürgerlich

Westerland, Strandstr. 3, (0 46 51) 92 30
Offen: 12-14.30, 18-23. Küche: 12-14.30, 18-22
Gerichte/€: 7,20-36. Dinner-Budget/€: 41,10
Menü/€: Mittag 16,70-18,40/Abend 16,90-28,40
Karten: A M E

GÄSTE-URTEIL | Essen **6** | Trinken **6** | Service **6** | Atmosphäre **6**

Nebenbei bemerkt: „Absacker" und „tolle Mahlzeiten" lassen sich hier vom „gut gelaunten Personal" schnell bringen – und „schmecken spitze". Im „feinen Salon" mit Trichterlampen und „Sammeltellern aus Ton" trifft man „nicht nur Hotelgäste". Auch „viele Einheimische" lassen sich hier blicken – „ein Kleinod für alle": Die *Tomatencremesuppe mit gerösteten Mandeln* (4,40) und *Seemanns Labskaus mit Spiegelei, Rollmops, Rote Bete und Gewürzgurke* (11,50) „kommen gut an". Der *Eisbecher mit frischen Früchten und Schlagsahne* (5,30) „nicht nur im Sommer gut", sagen die Schleckermäuler. Unter den 55 Weinen 25 Rebsäfte als Schoppen, „eine gute Auswahl".

Anja Genzler / pixelio.de

BLUM'S Seafood Bistro — Bistro

Westerland, Neue Str. 4, (0 46 51) 2 94 20
Offen: 11-23, Winter 11-21. Küche: 11-22.30, 11-21
Gerichte/€: 6-18,50
Karten: E

GÄSTE-URTEIL | Essen **6** | Trinken **5** | Service **4** | Atmosphäre **4**

„Klassisch norddeutsch." Die „abwechslungsreiche Küche" bietet eine „gute Auswahl". Zu „angenehmen Preisen": *Sylter Edelfisch-Suppe* (4,90) kommt vor *Blum's Grillteller mit Fischen der Saison, Scampi und Bratkartoffeln* (14,50). Danach so viel *Schokomousse* (je 100 gr/1,30) „wie (noch) reingeht". „Herrlich!" Drinnen ist „alles top", sagen einige. Andere meinen: „Bei der Einrichtung muss man Abstriche machen", die Außentische „lieblos gedeckt" mit „unschönen Allwetter-Tischdecken". „Self-Service" stört Familien und „ältere Herrschaften" wenig. Das Personal an der Bar und der Essens-Ausgabe immer „nett und hilfsbereit". 15 Weine, 10 offen.

BLUM'S FISCHBISTRO am Gaadt — Bistro

Westerland, Gaadt, (0 46 51) 2 20 33
Offen: 8-21, Nebensaison geschl. Küche: 8-20.30
Gerichte/€: 6,50-13,50
Karten: Keine

GÄSTE-URTEIL Essen **5** Trinken **5** Service **6** Atmosphäre **4**

Das Lifting. Die Farbe ist getrocknet. Karte und Innenleben des „Mini-Ladens" haben eine „schöne Auffrischung" bekommen. „Ob das nett-gemütliche Flair mit Kantinen-Atmo verloren ging? Iwo!" Nach der *Fischsuppe* (4) „in hervorragender Qualität" kommen *Lachs und Scampi vom Grill mit Bratkartoffeln* (10,50) auf die „kleinen Tische". „Zivile Preise" und „immer frisch zubereitet" – deswegen auch „stets gut besucht" von Fischfreunden „jeden Alters". Zum „opulenten Mahl" vielleicht einen *badischen Müller-Thurgau* (0,2 l/2,50): insgesamt 10 Weine, davon 6 offen. Das „nette" Personal ist „stresserfahren" und „weiß mit den kleinen Gästen umzugehen".

CAMPO — Bistro

Westerland, Friedrichstr. 2, (0 46 51) 3 10 60
Offen: 9-o.e. Küche: 9-2
Gerichte/€: 8,50-18,50
Karten: E

GÄSTE-URTEIL Essen **5** Trinken **5** Service **5** Atmosphäre **5**

Den ganzen Tag. So „lange könnte man bleiben". Vom „riesen" *Campo Frühstück mit O-Saft, Rührei, Heißgetränk, Fruchtjogurt und großem Brotkorb* (12,50) über die *Kartoffelsuppe mit Nordseekrabben* (6,50) zum Mittagstisch oder ein *Wiener Schnitzel mit Bratkartoffeln und Gurkensalat* (18,50) in den Abendstunden. „Rundum-sorglos-Paket" in „chilliger Atmo" inklusive, wenn die meist „flinke" Crew „einen guten Tag hat". Zwischendurch einen von 20 Weinchen (10 offen) wählen und „es sich gut gehen lassen" – „seufz"! Mittelalte Gäste sehen im „braun-beigen" Inneren oder auf der Terrasse „den Promenade-Gängern beim Flanieren" zu: „Top-Platz zum Quatschen und Klönen".

CASA BIANCA — Italienisch

Westerland, Norderstr. 50, (0 46 51) 2 31 02
Offen: 12-o.e., Nebensaison 15-o.e. Küche: 12-23.30, 15-23.30
Gerichte/€: 6-29. Dinner-Budget/€: 39,40. Menü/€: Abend 35
Karten: A M E

GÄSTE-URTEIL Essen **6** Trinken **7** Service **6** Atmosphäre **6**

Wieder gefangen? Zum Glück ist's „inzwischen freundlicher" und „nicht mehr überkandidelt". Gilt für den „netten Service" und das Drumherum um den Backsteinkamin. Einige Stammgäste sind „noch skeptisch", fragen nach dem „alten Flair" und „vermissen die beliebte" Focaccia. Die Cucina italiana ist dennoch „weit vorn", sagen Paare um die 40. Und „Kinder-Umbestellung? Null problemo". *Rucola mit Tomaten, Pinienkernen und gehobeltem Parmesan* (8,50) ein „feiner Anfang". Danach *Filetto ai Funghi: Rinderfilet mit Edelpilzen in einer Cognac-Rahmsauce* (29) und *Panna cotta mit Fruchtsauce* (5,50). 30 Weine, die Hälfte im Glas – „schöne Auswahl".

CULINARIUM — Regional

Westerland, Strandstr. 6-8, (0 46 51) 92 95 18
Offen: 12-o.e. Küche: 12-22
Gerichte/€: 15-50. Dinner-Budget/€: 70,30
Karten: D M V E

GÄSTE-URTEIL | Essen **8** | Trinken **10** | Service **8** | Atmosphäre **6**

„Ein besonderer Typ." „Der alte Seebär" Thomas Timm strahlt „friesisch-herben Charme" aus. „Nicht mehr wegzudenken" aus der Sylter Gastro-Szene. „Grenzt fast an Erlebnisgastronomie", finden Weinkenner. Die haben bei 1.500 Tropfen (60 offen) – die überall stehen – „keine Fragen mehr". Auch auf den Tellern weiß man zu „überzeugen": *Scampi á la provençal in Knoblauch- und Trüffelöl geschwenkt mit französischem Landbrot* (14,80) und *geschmorte Backe vom steirischen Weideochsen auf Risotto Milanese, Cremolata und Ochsenschwanzjus* (26,60). „Wuchtige" *Crème brûlée* (7,90): „Bestellpflicht". Die „top geschulte Crew" flitzt unter den Halogen-Deckenspots.

Weesterlön op Söl Platt ist (fast) überall auf der Insel zu finden

DIAVOLO Bistro Creperie Bar — Bistro

Best Price TOP 10

Westerland, Friedrichstr. 22, (0 46 51) 99 55 08
Offen: 9-23. Küche: 9-23
Gerichte/€: 7,60-10,90
Karten: Keine

GÄSTE-URTEIL | Essen **5** | Trinken **5** | Service **6** | Atmosphäre **5**

„Immer gut." Getroffen wird sich „zu jeder Tageszeit". Vornehmlich, „um Leute zu beobachten" – ein „schöner Ort" für Neuankömmlinge und Immer-wieder-Kommer. Auch, weil das Service-Team „nett" und „aufmerksam" ist sowie „rasch bedient". Zum Start in den Tag ein *Diavolo-Frühstück mit Prosecco, Milchkaffee und O-Saft* (13,50): „da ist alles drin". Eine kleine Mittagssuppe gefällig? *Minestrone* (3,90). Zum Nachmittag den *Apfelkuchen vom Blech* (2,20). 7 Schoppenweine sind „echt okay". Am Eingang warten „Griechen-Säulen", drinnen folgen „mit Schwammtechnik gestrichene Terrakotta-Wände". Draußen schützen grüne Sonnenschirme und orangefarbene Decken.

SYLT

EBBE & FOOD im Dorint Hotel — Neue int. Küche

Westerland, Schützenstr. 20-24, (0 46 51) 85 00
Offen: 7.30-22.30. Küche: 7.30-12, 12.30-14, 18-22
Gerichte/€: 15,50-35. Dinner-Budget/€: 57,10.
Menü/€: Abend 42-68. Karten: A D M V E

GÄSTE-URTEIL Essen **8** Trinken **7** Service **7** Atmosphäre **7**

Mit Friesen-Touch. „Rumgesprochen" hat sich die „tolle Qualität der Kreationen" von Küchenchef Oliver Bergerhausen. Neben Hotelgästen kommen viele „auf Empfehlung". „Neugierige" Paare testen *Hasenrücken an Kürbischutney und feinem Frisée* (17,50) und *Zackenbarschfilet, kross auf der Haut gebraten auf Kokos-Currygemüse* (28). Das *warme Fliederbeersüppchen mit geflämmter Grießschnitte und hausgemachtem Jogurtsorbet* (9) „ist eine Sünde wert". Unter 110 Flaschen tummeln sich 15 Glasweine. Die Teller-Jongleure „wissen, was sie tun": „aufmerksames Personal", „flott" um die offene Küche unterwegs. Die „lange Bank" in Türkis ums Aquarium „hat Stil".

Stylisch und außergewöhnlich: **Ebbe & Food**

FEIKES im Hotel Roth — Neue internationale Küche

Westerland, Strandstr. 31/im Kurzentrum, (0 46 51) 92 30
Offen: 7-11, 18-o.e. Küche: 18-22
Gerichte/€: 11,90-38. Dinner-Budget/€: 45,10
Karten: A M V E

GÄSTE-URTEIL Essen **7** Trinken **6** Service **6** Atmosphäre **5**

Unverbaut „romantisch". Der Vorteil liegt auf der Hand: „Die Sicht ist frei" rüber zum Strand – und zu „unvergesslichen Sonnenuntergängen" gleich an der Promenade. Neben Hotelgästen wissen auch Stammgäste dies gebührend zu würdigen. Dabei gibt's „feine Speisen" wie *Sylter Krabbensuppe mit Cognacsahne* (4,70), *Nordseescholle 'Finkenwerder Art' mit gerösteten Räucherspeckwürfeln und Butterkartoffeln* (14,50) und *hausgemachtes Parfait an Orangencoulis und Grand-Marnier-Sahne* (5,80). Weine: 50 Flaschen und die Hälfte im Glas. Die Einrichtung hat für einige „Kult-Charakter": „tolle Seventies-Stühle und -Lampen". Die Crew „lässt keine Wünsche offen".

FISCH-HÜS
Deutsch-bürgerlich

Westerland, Strandstr. 10, (0 46 51) 2 24 23
Offen: 11.30-o.e. Küche: 11.30-22, Winter 11.30-14.30, 17-21
Gerichte/€: 10,90-27. Dinner-Budget/€: 39,40
Menü/€: Mittag 14,90/Abend 14,90. Karten: E

GÄSTE-URTEIL Essen **7** Trinken **6** Service **7** Atmosphäre **4**

Zu viel versprochen? Überhaupt nicht: Was der Name verspricht, „hält das Lokal kulinarisch in jedem Fall". „Eine Bereicherung" für „Insel-Besucher": *Bouillabaisse von Nordseefischen mit Baguette, Aioli* (7,80). „Wunderbar tolle Gerichte aus dem Wok", da „stimmt alles", wie bei *scharfen Scampi mit Gemüse* (11,90) oder *Rind, Reis und Nüsse* (11,90). Hinterher wartet der *Friesenrahm mit frischen Früchten* (6,90) – „ein Klassiker", „der wird immer bestellt". Die Bedien-Crew „bringt die Sonne mit": „netten Spruch auf den Lippen" und „die richtigen Tipps". Das Ambiente besteht aus „Achtziger-Schick" mit „ollen Polsterstühlen" – „egal". 35 Weine, 12 offen.

Gehobene Küche im **Franz Ganser**

FRANZ GANSER
Neue internationale Küche

Luxus TOP 10

Westerland, Bötticherstr. 2/Ecke Boysenstr., (0 46 51) 2 29 70
Offen: Mi-Sa 12-14, So-Di 18-o.e. Küche: 12-14, 18-22
Gerichte/€: 19-42. Dinner-Budget/€: 61,50. Menü/€: Abend 74-89
Karten: M V E

GÄSTE-URTEIL Essen **9** Trinken **9** Service **7** Atmosphäre **7**

„Vergnügen ohne Abstriche." Das sagen viele „Freunde der gehobenen Küche". Aber: Einige mittelalte Paare wurden „enttäuscht". Waren wohl „Ausrutscher" bei sonst „tadellosem Service" und „delikaten Speisen": *Feldsalat mit Kartoffel-Dressing und Speck-Croûtons* (9,50). „Nicht billig, aber sein Geld wert": *Nordsee-Steinbutt im Ofen gebraten, mit Zitronen-Butter-Sauce mit grünem Spargel und Kartoffelschnee* (38). Der *Ziegenfrischkäse mit Birnen und Trüffelhonig* (13) „einfach hervorragend". Die schicke Gesellschaft sitzt auf „simpler Holzbestuhlung" und „grauem Kachelboden". Aus 200 Flaschen (25 im Glas) „passen Wein-Empfehlungen prima".

FRIESENKATE — Deutsch-bürgerlich

Westerland, Wilhelmstr. 4, (0 46 51) 2 42 81
Offen: 11.30-22.30. Küche: 11.30-22.30
Gerichte/€: 6,90-16,90. Dinner-Budget/€: 27,70
Karten: Keine

GÄSTE-URTEIL | Essen **5** | Trinken **5** | Service **6** | Atmosphäre **5**

Die Stab-Übergabe. Familie Abadalla ist „schon 30 Jahre im Ort" und krempelt „in der zweiten Generation" behutsam um: statt Teppichen nun „schöne weiß-beige Fliesen", „sanitäre Anlagen komplett neu". Bleiben wird die „große Rundscheibe" am Eingang. Die vielen Familien „haben die Veränderung kaum bemerkt". Eine „freundliche Crew" bringt *Krabbensuppe Sylter Art* (4,90): „herzhaft inseltypisch". „Toller Fisch" als „Riesenportion": *Piratenteller mit Seezunge und Zanderfilet vom Grill* (16). „Bitte weniger fettige Bratkartoffeln" dazu, wünschen sich junge und alte Stammgäste. Danach *2 Kugeln Vanilleeis mit Kürbiskernöl und Schlagsahne* (4,90). 13 Glasweine.

Friesenkate: *Wohlfühladresse für Groß und Klein*

HARDY AUF SYLT — Elsässisch

Westerland, Norderstr. 65, (0 46 51) 2 27 75
Offen: Di-So 18-o.e. Küche: 18-23
Gerichte/€: 15,50-22,50. Dinner-Budget/€: 40,80
Karten: E

GÄSTE-URTEIL | Essen **8** | Trinken **8** | Service **8** | Atmosphäre **7**

Beim „Charmanten". Patron Hardy ist ebendies und „überaus herzlich". Dazu bietet er „solide Küche", die „der normalen Inselkocherei etwas entgegensetzt". „Elsass-Kost" ist „für die schönen Momente des Lebens", meinen die Best Ager im Publikum. „Kaum Platz" um die Teppiche und „ein bisschen laut", da „jedes Eckchen im Rundbau ausgenutzt wird". Doch Speisen und Getränke „lohnen". Die „nette" und „galante" Crew bringt *Scampi provençal mit Kräutern, Knoblauch und Tomaten* (9,80), *Hardy's Pfefferfilet mit grüner Pfeffersauce und Kartoffelgratin* (22,50) und *Sorbet arrosé, Himbeere* (7,80). Und einen der 154 Tropfen (16 im Glas) von „der guten Weinkarte".

INGO WILLMS — Neue internationale Küche

Westerland, Elisabethstr. 4/Elisenhof, (0 46 51) 99 52 82
Offen: Mo-Sa 12-14.30, 17.30-o.e. Küche: 12-14, 17.30-22
Gerichte/€: 16-28. Dinner-Budget/€: 45,90.
Menü/€: Abend 29,50-39,90
Karten: E

GÄSTE-URTEIL Essen **8** Trinken **7** Service **7** Atmosphäre **7**

„Glanzlicht der Insel." Im Doppelturm-Häuschen gibt's „feine Sachen" zu „fairen Preisen". Der Namensgeber „zaubert am Herd". Da warten „ausgefeilte Geschmäcker" mit *Saltimbocca vom Rotbarschfilet mit hauchdünnem Parmaschinken und frischem Salbei gebraten, Ratatouille, kanarischen Kartoffeln und Mojo* (14,50) oder *ofenfrische knusprige halbe Ente auf Orangen-Wacholder-Sauce* (17,50) auf „Gourmet-Freunde" ab 35 Lenze. Mit *Crème brûlée* (7,50) alles „im bezahlbaren Bereich". Der „freundliche Bringdienst" „ist fix unterwegs" im „nicht angestaubten, sondern modernen" Lounge-Interieur. Im Turmzimmer: „Raucherbereich". 90 Weine, 10 offen: „gut und günstig".

Authentische Sylter Einrichtung bei **Jörg Müller**

JÖRG MÜLLER Der Pesel — Neue internationale Küche

Westerland, Süderstr. 8, (0 46 51) 2 77 88
Offen: Mi-So 12-14, Di-So 18-o.e. Küche: 12-14, 18-22
Gerichte/€: 19,50-32. Dinner-Budget/€: 62,70
Menü/€: Mittag 30/Abend 42-58. Karten: A D M V E

GÄSTE-URTEIL Essen **9** Trinken **10** Service **9** Atmosphäre **9**

Für Fans, die's „locker" mögen. Die Dauer-Besucher „mit dem nötigen Kleingeld" „schwören" auf die „ausgewogene" und „außergewöhnliche Küche" im Sterne-Ableger. Da profitiert die „gut sortierte Weinkarte" von 1.200 Kreszenzen. Ein Wunsch: „Etwas mehr offene Weine" – „nur" 15. Die „liebevolle" Service-Crew „verdient sich beste Noten". Nach *Sylter Austern auf Eis* (Stk./3,50) folgen *Schollenfilets mit Krabben in Rieslingsauce, dazu Reis-Paella mit Nordseefischen* (28). Für Schleckermäulchen gibt's *Topfen-Nougatknödel auf Roter Grütze mit Macadamia-Krokant-Eis* (12). Das *Mittagsmenü* (30) ist „unschlagbar" im typisch friesischen blau-weißen Kachelraum.

JÖRG MÜLLER Restaurant Neue internationale Küche

Westerland, Süderstr. 8, (0 46 51) 2 77 88
Offen: Mi-So 18-o.e. Küche: 18-22
Gerichte/€: 38-56. Dinner-Budget/€: 98,20.
Menü/€: Abend 98-128
Karten: A D M V E

GÄSTE-URTEIL Essen **10** Trinken **10** Service **9** Atmosphäre **10**

Auf der Suche. Das „verwöhnte Publikum" hält nach dem „Wow-Effekt" Ausschau. Der „erstklassige Service" hat für manche „nachgelassen". Für das Gros der Stammgäste aber immer noch „ein Volltreffer" an „höchster Zuverlässigkeit". Die neue Einrichtung „jetzt noch viel gemütlicher" und „edel" mit weinroten Vorhängen. Aus Jörg Müllers Töpfen kommen „kulinarische Highlights" wie *Rahmspinat surprise mit weißem Alba-Trüffel* (30), *Zweierlei vom Deichlamm auf mediterranem Gemüse mit Gnocchi* (46) und *Keitumer Ziegenkäse auf Kürbis-Feigen-Confit* (14). „Portionen teilweise mikroskopisch klein", finden einige. „Ohne Fragen": 1.200 Preziosen, davon 20 offene Tropfen.

KIEK IN Neue internationale Küche

Westerland, Johann-Möller-Str. 2, (0 46 51) 52 32
Offen: Mi-Mo 12-14, 18-o.e. Küche: 12-14, 18-22.30
Gerichte/€: 15-24. Dinner-Budget/€: 42,20. Menü/€: Abend 26-37
Karten: E

GÄSTE-URTEIL Essen **8** Trinken **8** Service **8** Atmosphäre **8**

„Ohne Abstriche!" „Unser erster Stopp", sagen viele Stammgäste, denn man „wird mit echter Begeisterung" empfangen und „durch einen wunderbaren Abend geführt". Im „zurückgesetzten Reethaus" herrscht „angenehme Stimmung" mit „Friesenthema": „leicht gedrungen" mit allerlei Kacheln, Mustern und klassischer bis moderner Deko. Das Publikum: „bunt gemixt". *Raukesalat mit Bresaola und Kirschtomaten* (9,50), *Seeteufelmedaillons im Bresaolamantel auf Tomaten-Rucola-Risotto mit Oliven-Pesto* (22), *Keitumer Quarkmousse mit warmen Zwetschgen und karamellisierten Nüssen* (6) – „aaah", „einfach perfekt zubereitet". „Klasse Weine": 180 Flaschen, 20 offene.

LEYSIEFFER Bistro

Westerland, Friedrichstr. 38, (0 46 51) 82 38 20
Offen: 9-o.e., Winter 10-18. Küche: 9-o.e., 10-18
Gerichte/€: 6-12,50
Karten: A M V E

GÄSTE-URTEIL Essen **5** Trinken **5** Service **6** Atmosphäre **6**

Ein „feiner Pausenstopp". Die shoppingmüden Promenaden-Gänger kehren „zuhauf" ein. „Ideal" sitzen Pärchen oder Gruppen unterm Türmchen „zum Schauen". Viele Barhocker, Stehtische und immer „elegant dekoriert". Die „schmackhafte Bistroküche" wird „fix serviert": „wechselnde Tageskarte" mit *hausgemachten Eintöpfen* (6) wie den *friesischen Kartoffelsuppe mit Shrimps* „ist genau richtig". „Danach geht's gestärkt wieder ins Getümmel." Die *heiße Schokolade* (3,30) passt sowohl zur *Friesensahne vom Blech* (3,30) wie auch zum *Sylter Schmarrn, im Bräter gebacken mit Vanillesauce* (6,80). Die 11 offenen Weine „sind genehm", aber „kein Kracher".

SYLT

*Gediegen und edel präsentiert sich **Jörg Müller***

*Die pure Gastfreundschaft im **Kiek In***

LILLE KAMP — Deutsch-bürgerlich

Westerland, Westersteeg 1, (0 46 51) 2 44 52
Offen: 17.30-24, Nebensaison Di-So 17.30-24, Nov. geschl.
Küche: 17.30-22.30. Gerichte/€: 12,50-25
Dinner-Budget/€: 38,20. Karten: E

GÄSTE-URTEIL Essen **7** Trinken **6** Service **7** Atmosphäre **7**

Für Träumereien. „Über Jahrzehnte treu" ist das Stammpublikum. Und sitzt im Strandkorb am Teakholz-Tisch auf der Terrasse oder drinnen auf „schlichten Holzbänken". Die Küche „fischlastig" – „wunderbar". Leider „nur auf Vorbestellung", aber „überköstlich": *Lotsenpfanne: Seezunge, Lachs, Scholle, Steinbeißer mit Garnelen und Scampi* (25). Auch „Fleischiges ist prima". Die „Weltklasse-Schnitzel" wie *Schweizer Putenschnitzel mit Schinken und Käse überbacken* (14,50) „eine Wucht". Davor passt die *Fischrahmsuppe mit Anis* (7), danach *Panna cotta auf Pistazienbiskuit* (7,50). Über 40 „gute Tröpfchen" (10 im Glas) vom „familiären" Service-Team gebracht.

MARISO — Mediterran

Westerland, Paulstr. 10, (0 46 51) 29 97 11
Offen: 12-1, Nebensaison 17-1. Küche: 12-23, 17-23
Gerichte/€: 13,40-22,50. Dinner-Budget/€: 35,50
Karten: E

GÄSTE-URTEIL Essen **7** Trinken **6** Service **6** Atmosphäre **6**

„Raffiniert arrangiert", die „reichlichen und schmackhaften" Speisen. Ein *kleiner gemischter Salat mit frischer Avocado und hausgemachtem Jogurtdressing* (6,50), gefolgt von *Lachs mit Schafskäse überbacken, Rosmarinkartoffeln und frischem Gemüse* (16,80), der mit „reichlich Beilage" daherkommt. Was Süßes: *Vanilleeis mit Himbeersauce* (4,50). „Schöne" Weine: 40 Tropfen, davon 10 entkorkt. „Ohne Frage ein, sehr freundliche und zuvorkommende Bedienung." Das Publikum gemischt: „junge bis ältere Jahrgänge". „Ruhige Terrasse" „macht Laune". Teakholz und Strandkörbe draußen. Drinnen „viel Schick": Kerzen, rote Wände und „blanke Tische".

BAR TOP 10

MIRAMAR, COCKTAILBAR — Klassische Bar

Westerland, Friedrichstr. 43, (0 46 51) 85 50
Offen: 12-o.e. Küche: -
Gerichte/€: -. Karten: A D M V E

GÄSTE-URTEIL Essen **–** Trinken **8** Service **8** Atmosphäre **7**

„Meine Herren", was für eine „gediegene Atmo". Auch die „piekfeinen Damen" finden: „ein Ort zum Wohlfühlen". Das Gros kommt „meist nach dem ausgiebigen Abendmahl". Nicht nur die Hotelgäste loben: „tolles Kirschholz-Interieur" mit „gemütlichen Sesseln" und „edlen Teppichen". „Tolle Drinks" wie *Sex on the Beach* (12,50) oder *Gin Fizz* (12,50) stehen 94 Weinen (14 offen) gegenüber, das „kann sich sehen lassen". Inselfreunde „im besten Alter" lieben *Sylter Wasser: Wodka, Malibu, O-Saft, Grapefruitsaft, Blue Curaçao* (15). Oft bestellt „zur späten Stunde", „hervorragend gemixt" und „prompt serviert" von der „aufmerksamen" Schüttel-Crew „mit Niveau".

MIRAMAR, RESTAURANT — Neue internationale Küche

Westerland, Friedrichstr. 43, (0 46 51) 85 50
Offen: 12-14.30, 18-22.30. Küche: 12-14, 18-22
Gerichte/€: 15,50-46. Dinner-Budget/€: 58,10
Menü/€: Mittag 49-60/Abend 49-60. Karten: A M V E

GÄSTE-URTEIL Essen **7** Trinken **8** Service **7** Atmosphäre **8**

„Pikante Linie." Das verrät der Blick in die Karte: *scharfes Orangensüppchen mit Scampi* (6,80) und *Filetsteak vom Angus-Rind auf bunter, gebratener Kartoffelpfanne mit Schafskäse, grüner Madagaskar-Pfeffersauce und Lauchringen* (27,80) – „top zubereitet". Süßes für zwei: *Pfeffer-Erdbeeren mit Grand Marnier und Pistazieneis* (2 P. 22,50). Das „erste Haus an der Promenade" „glänzt". Dadurch hat man „den besten Blick" von der Terrasse auf den Westerländer Strand. „Ältere Semester lieben es", deswegen auch „vorwiegend Grauhaar-Geschwader" am Start, die „bringen Nachwuchs mit". Knapp 100 Weine (14 offen) „sind sehr in Ordnung". Die Crew „hat echt Ahnung".

Promi-Tipps

Bernd John, Vorstand Procar Automobile AG

Mein erster Weg auf der Insel führt mich in den **Söl'ring Hof** (→ 64). Dort erwartet mich eine exquisite Gastronomie sowie die schönste Bank der ganzen Insel, die mir einen grandiosen Blick in die Sylter Dünen bietet. Die Gespräche mit Johannes King über Oldtimer, wie seinen Rolls-Royce Silver Cloud II von 1961, faszinieren mich immer wieder. Hier fühle ich mich sehr wohl.

Melanie Lang, Opernsängerin

Ich besuche die Insel gerne – nicht nur wegen meiner Freunde, die dort leben. Am meisten mag ich die langen Spaziergänge am Strand, den weiten Blick übers Meer und die totale Ruhe, die sich bei mir einstellt. Hier kann ich von meinem Job entspannen. Zum Aufwärmen geht's danach meist in einen der vielen Strandläden, so wie das **Kap-Horn** (→ 42) oder die **Strandmuschel** (→ 34).

OASE Restaurant Café in den Dünen — International

Westerland, Rantumer Str. 333, (0 46 51) 15 70
Offen: 10-22, Nov.-Feb.10-19. Küche: 10-21, 10-19
Gerichte/€: 9,50-25. Dinner-Budget/€: 35,60
Menü/€: Abend 17,50-42,50. Karten: M V E

GÄSTE-URTEIL Essen **7** Trinken **6** Service **7** Atmosphäre **6**

„Holzhütte mit Charme." Das „Sonnendeck in den Dünen" offeriert „drei Rückzugs-Inseln" mit Rattan-Mobiliar und im Inneren „Almhütten-Styling". Tagsüber kommen viele Radler oder Wanderer. Abends erfreut sich „verliebtes Publikum" an der „kreativen Küche". Die liefert „prompt" an die Strandkörbe: *kanarische Kartoffeln mit Mojo* (5). Im Hauptgang „viel Gefiedertier": *Stire Fried Noodles: Nudeln mit Putenbrust, süßer Chilisauce* (13) oder *zweimal gebratene Entenbrust mit Cashewkernen und Mie-Nudeln* (17,20) – „schmeckt genial" und ist eher „nichts für einen warmen Sommerabend". Trotzdem: „hervorragend" zubereitet. 40 Tropfen (18 offen) „schnell serviert".

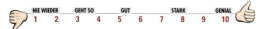

ORTH, CAFÉ — Café

Westerland, Friedrichstr. 30, (0 46 51) 17 78
Offen: 9-o.e. Küche: 9-22
Gerichte/€: 9,90-15,90
Karten: Keine

GÄSTE-URTEIL Essen **5** Trinken **5** Service **4** Atmosphäre **6**

Nach dem Flanieren. Oder davor. „Das Café ist immer eine gute Wahl." Seit „mehr als 80 Jahren" gibt's im Jugendstil-Haus „Kaffee- und Kuchen-Zeit mit Großeltern und Enkeln". Auch Shopping-Stopper ruhen aus. „Schade" finden einige, dass die Kellnerinnen „ihren Job nur abspulen" und „leicht genervt" wirken. „Keine Wünsche offen" bleiben beim *Grand-Frühstück für zwei: Wurst, Käse, Lachs, Rührei nach Wahl, Orangensaft, Prosecco und Kaffee* (21,90) – „so was von ordentlich". Oder *Topfenknödel mit Vanilleeis und Karamellsauce* (6,90) auf den Rattanstühlen. Dazu die *Tote Tante* (4,80) ordern, ein wenig „Rum mit homöopathischer Dosis Kakao" – „wow"! 9 offene Weine.

Warten auf den Sonnenuntergang in Rantum

CAMPARI
LIEBLINGS-ITALIENER TOP 5

OSTERIA, DIE S52 Seaside — Italienisch

Westerland, Fischerweg 32, (0 46 51) 2 98 19
Offen: 12-o.e., Jan.+Feb. geschl. Küche: 12-1
Gerichte/€: 8-25,50. Dinner-Budget/€: 39,90.
Menü/€: Abend 24,50-33,50
Karten: E

GÄSTE-URTEIL Essen **6** Trinken **7** Service **6** Atmosphäre **6**

Mix mit viel Schnickschnack. Eltern freut die „bunte Zusammenstellung" im Interieur. Da gibt's für die Kids „immer viel zu entdecken". Palmen mit bunten Leuchten, Stege, Sand. Auf die Teller kommt „Mediterranes". „Reichlich" und „große Sattwerden-Portionen": *Tessiner Minestrone al Ciardino con Parmesan* (6,50) und *Rigatoni mit Filetstreifen vom Rind, Champignon-Sahnesauce* (14,50). *Mimi's Zitronensorbet mit Prosecco* (7) – ein „feiner Abschluss". Die Mannschaft „äußerst aufmerksam und smart". Nur: „Timing in der Küche könnte optimierter ablaufen", damit Freundeskreise und Camper gleichzeitig essen. Einen Schluck dazu? 110 Rebsäfte, 10 als Glasweine.

PABLITO Tapas & Wein — Tapas-Bar

Westerland, Paulstr. 6, (0 46 51) 29 97 12
Offen: 16-1, Winter 17-1. Küche: 16-24, 17-24
Gerichte/€: 7-14,50
Karten: E

GÄSTE-URTEIL Essen **6** Trinken **6** Service **6** Atmosphäre **6**

Spanisch „nicht nur für Anfänger". „Köstlichkeiten" der iberischen Halbinsel warten auf die Inselgäste jeden Alters. Wer vorbeischaut, weiß genau, was ihn erwartet: „kleine Dinge der Glückseligkeit". „Es schmeckt prima": *Mojo verde* (1,50) und eine *Brotnachbestellung* (2) sowie den *Calabacines: Zuchiniröllchen mit Frischkäse gefüllt* (3). Keine „Qual der Wahl" dank *Plata mixta: gemischte Tapasplatte* (12). Dazu ein *San Miguel* (0,3 l/3,20): „authentisch". Nicht nur die Kids stehen auf *Vanilleeis mit Bio-Mango-Apfelmark* (4) zum Abschluss. Helferlein, die „gut zu Fuß" zwischen Retro-Uhr und Spiegel mit Goldrahmen sind. Weine: 50, 9 offen.

Traumhafte Abendstimmung im **Il Ristorante**

RISTORANTE, IL — Italienisch

Westerland, Boysenstr. 3, (0 46 51) 29 96 62
Offen: 12-23, Nov.-März Mi-Mo 12-15, 17.30-22.30
Küche: 12-22.30, 12-15, 17.30-22.30. Gerichte/€: 9,80-34,50
Dinner-Budget/€: 45,20
Karten: A D M V E

Premium TOP 10
CAMPARI
LIEBLINGS-ITALIENER TOP 5

GÄSTE-URTEIL Essen **8** Trinken **8** Service **7** Atmosphäre **7**

Wo ist der Sänger hin? Es ist „frisch renoviert" beim „besten Italo-Restaurant", da musste die Wandmalerei verschwinden. Stattdessen: „frische Farben" im „über 100 Jahre alten Gemäuer". Toll: „netter Service", der ist „professionell" und sorgt samt Patron für eine „angenehme Stimmung". Viele vini italiano unter den 180 Flaschen, aber „nur" 10 im Glas. Nach *Kürbiscremesuppe* (7,50) folgt das „ansprechend präsentierte" *Saltimbocca alla Romana: Kalbsrückenscheiben mit Parmaschinken in Butter- und Salbeisauce* (27). Ein Dolci classico: *Tartufo Bianco o Nero* (6). Tipp: nicht nur „bei schönem Wetter reservieren" – es kommen viele Familien und große Gruppen.

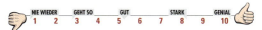

RIVA Pizzeria — Italienisch

Westerland, Paulstr. 10, (0 46 51) 29 97 13
Offen: 17-23. Küche: 17-22
Gerichte/€: 7-16,50. Dinner-Budget/€: 32,10
Karten: E

GÄSTE-URTEIL Essen 6 Trinken 6 Service 6 Atmosphäre 6

Eine runde Sache. Die Teigfladen haben „die Größe eines Wagenrades". „Wahnsinnig gut" mit „dünnem Teig": *Pizza Funghi e Prosciutto* (10,25). „Toll" finden die Italo-Fans, dass „Mozzarella der Standardkäse ist". Zwischen vielen Weinflaschen zur Deko in Regalen (36 im Ausschank, 8 offen) und Großformatbildern an der Wand huscht die Service-Crew „flott umher", ist „hübsch" und „charmant". Da schmecken *Carpaccio-Zucchini mit Ziegenfrischkäse und Rucola* (6,95), *Lasagne mit Hack vom Sylter Galloway* (13,85) und *Nougatino: Nougateis mit Espresso-Überzug* (4,50) gleich „doppelt gut". „Fein gemacht" und „weiter so", applaudieren die Gäste von jung bis alt.

Hot Places – der Sieger und alle Nominierten auf Seite 13

SCHACHNER, WEINHAUS — Vinothek

Westerland, Bismarckstr. 12, (0 46 51) 2 65 19
Offen: Mo-Sa 10-20. Küche: 10-20
Gerichte/€: 3,50-24
Karten: A M E

GÄSTE-URTEIL Essen 6 Trinken 10 Service 8 Atmosphäre 6

Immer wieder neu. Bei mehr als 1.800 Preziosen „entdeckt man immer wieder einen unbekannten Tropfen". Dass dann bei „der riesigen Weinauswahl" 200 offene degustiert werden: „kein Wunder". Da kommen Weinkenner und die, die es werden wollen, als „Wiederholungstäter" zurück. „Neben dem vielen Schlürfen wird auch feinst gespeist". Für zwischendurch *Tiroler Schinken mit Grissini* (5,50) oder *Käseteller mit verschiedenen Käsesorten, Brot und Senffrüchten* (14,50). Immer „in Topqualität". „Alles richtig" macht die „kenntnisreiche" Crew. Man ordert am besten eine *kleine Weinprobe* (39,90) mit 3 je Farbe an die blanken Tische oder auf „ausgediente Weinfässer".

SEEBLICK
Neue deutsche Küche

Westerland, Käpt'n-Christiansen-Str. 41/Strandpromenade,
(0 46 51) 2 88 78. Offen: 11.30-23, Nebensaison Di-So
11.30-18. Küche: 11.30-22, 11.30-18. Gerichte/€: 10,50-21
Dinner-Budget/€: 37,70
Karten: E

GÄSTE-URTEIL Essen **6** Trinken **5** Service **6** Atmosphäre **6**

Wo das Herz lacht. „Top gelegen" – da „windgeschützt hinterm Deich". Dazu „ein junger" und „gut aufgelegter" Service, der „mit den Kindern kann". Und: Speisen, die „sehr schmackhaft" sind. Es treffen sich Generationen und ruhen sich von „langen Spaziergängen" gemeinsam aus. Stärkung erfolgt mit *Geflügelbrühe mit Ravioli und Gemüsestreifen* (5,50). *Fischteller 'Seeblick': ein Streifzug durch die Meere mit Marktsalat und Klintumer Dampfkartoffeln* (20,50) gibt die Kräfte zurück. *Eierpfannkuchen mit Blaubeeren und Vanilleeis* (7). Hinter „Riesenfenstern" auf „weiß lackierten Stühlen" oder auf der „großen Terrasse" den Sundowner genießen: 38 Weine, 13 offen.

*Fröhlich und charmant: das **Bistro Stadt Hamburg***

STADT HAMBURG, BISTRO
Bistro

Westerland, Strandstr. 2, (0 46 51) 85 80
Offen: 10-24, Okt.-Apr. 11-24. Küche: 12-23
Gerichte/€: 13-18,50. Menü/€: Mittag 24/Abend 24
Karten: A D M V E

GÄSTE-URTEIL Essen **7** Trinken **8** Service **8** Atmosphäre **8**

Kleine Schwester „ganz groß". Der Ableger von Ulrich Person ist die „günstige Alternative". Für „eine entspannte Rast" hinter der „Ligusterhecke" oder für Kinogänger „nach dem Film ein toller Ort". In der „hübschen sommerlichen Einrichtung" auf „blau-gelben Sitzbezügen" schmecken *Nordseekrabben auf Friesenbrot mit Spiegelei* (11) und *Meersaibling in Garnelen-Muschelsud mit geröstetem Brot und Thymian-Aioli* (18,50) „top". Und dazu „zu angemessenen Preisen". *Nordfriesischer Ziegenkäse mit Quittenrelish* (9,80) ist „einfallsreich", finden Eltern mit Kind. Die Weine (400 Flaschen, 10 im Glas) „sind nicht zu verachten"! Auch die Service-Crew „hat's drauf".

STADT HAMBURG, RESTAURANT — Neue int. Küche

Westerland, Strandstr. 2, (0 46 51) 85 80
Offen: 18-o.e. Küche: 18-22
Gerichte/€: 24-31. Dinner-Budget/€: 66,90. Menü/€: Abend 42-90
Karten: A D M V E

GÄSTE-URTEIL Essen **9** Trinken **9** Service **9** Atmosphäre **9**

Für „einen gelungenen Abend". „Genau richtig." Die Küche „ist einfallsreich" und „besticht" mit *Kaninchen-Essenz mit Maultaschen und Salbeinocken* (12) sowie *Tournedos und Bäckchen vom Holsteiner Rind mit Meerrettich-Risotto* (31). Das „gefällt" nicht nur Hotelgästen und Business-Menschen. Auch „eine Empfehlung" ist die *Kalbshaxe mit Herbstgemüse und Bratkartoffeln, ab 2 Personen* (p.P. 28), die es „leider nur auf Vorbestellung" gibt. Unter den 400 Kreszenzen befinden sich 23 Glasweine: eine „gelungene Auswahl". Zwischen „alten Gemälden" und „frischen Blumen" sitzt's sich „gediegen". „Gut geschultes" Personal „wahrt Distanz", „ist aufmerksam".

*Das **Restaurant Stadt Hamburg** bietet einfallsreiche Speisen.*

STEAK & HAXEN-HÄUSCHEN — Deutsch-bürgerlich

Westerland, Keitumer Chaussee 16, (0 46 51) 74 73
Offen: 17.30-o.e., Okt.-Apr. Do-Di 17.30-o.e. Küche: 17.30-23
Gerichte/€: 7,50-29,50. Dinner-Budget/€: 43,30
Karten: A D M V E

GÄSTE-URTEIL Essen **7** Trinken **6** Service **6** Atmosphäre **7**

Im Fleisch-Himmel. Die „jährlichen Wiederholungstäter" wissen genau, warum sie immer wieder kommen: Das „Münchener Brauhaus-Flair", aber „nur zwei Kilometer vom Meer" entfernt. Viel dunkles Holz, „Milchkannen-Lampen an schweren Ketten". Wer auf „saftige und herzhafte" Mahlzeiten steht, findet den Weg blind. Nach *Weinbergschnecken in Kräuterbutter* (8) folgt „die Offenbarung" mit *Pfeffersteak vom Filet mit grünem Pfeffer und Cognacsahnesauce* (23) und *Röstkartoffeln* (2,80), Beilagen kosten „leider extra". Aber alles wird „prompt geliefert". Nachtisch „geht immer": *Mousse au chocolat (hell und dunkel) auf einem Fruchtspiegel* (8,50). Dazu 12 offene Weine.

SUNSET BEACH — International

Westerland, Brandenburger Str. 15, (0 46 51) 2 71 72
Offen: 10-22. Küche: 10-22
Gerichte/€: 4,90-15,90. Dinner-Budget/€: 26,90
Karten: Keine

DIE NOMINIERTEN

BAR TOP 10

GUTE-LAUNE-LOKALE TOP 10

GÄSTE-URTEIL Essen **6** Trinken **5** Service **6** Atmosphäre **6**

„Strandbude mit Flair." Auf der „großen windgeschützten Terrasse" ist der „Blick auf den Sonnenuntergang" der Anziehungspunkt. Durch „dicht gestellte Sonnenschirme" entsteht ein Dach. Die „jungen Leute im Service" machen „einen guten Job". Vergessen neben „flotten Sprüchen und Pläuschchen" nicht den Gäste-Mix aus Urlaubern und Surfern. „Nicht schlecht": Weinauswahl mit 14 Flaschen (9 offen). *Bohneneintopf mit Fleisch* (6,90) oder *Grillpfanne 'Sunset Beach' mit 3 Steaks von Rind, Schwein und Pute auf Bratkartoffeln* (14,90) „mit reichlich Beilagen" schmecken und „überaschen den Gaumen". Hinterher *Milchreis mit Zimt und Zucker* (5,90) – „mjamm".

Julien D. / pixelio.de

SYLT-KANTINE — Bistro

Westerland, Keitumer Chaussee 6a, (0 46 51) 29 90 11
Offen: 6-16, 18-22, Sa 6-15, So 8-15. Küche: 6-16, 18-22, 6-15, 8-15. Gerichte/€: 4,60-9,90
Karten: A D M V E

Best Price TOP 10

GÄSTE-URTEIL Essen **5** Trinken **5** Service **5** Atmosphäre **6**

Zentral gelegen. „Günstig", und „gut" ist es auch noch! Eine schöne Kombi. Das freut die vielen Familien und Sparfüchse auf dem Weg zum Zug. „Unschlagbares" Preis-Leistungs-Verhältnis. „Tolle Aussicht" auf den Bahnhof, finden junge und alte Technikfreaks: Den Autozug beobachten „macht Laune". Dabei sitzt man auf „bunter Bestuhlung" zwischen „viel Grünzeug". Die „Küche extrem flexibel": auch „halbe Portionen" der Gerichte möglich. Es gibt *Sauerkrauteintopf* (4,90) oder *Rumpsteak mit Pommes und Salat* (9,90). Das *Sonntagsbuffet mit Kaffee satt* (11,90) ist Treffpunkt der Klönfreunde. Von der „netten Belegschaft" gibt's 30 Weine im Glas.

TONI'S RESTAURANT Haus Müller — International

Westerland, Norderstr. 3, (0 46 51) 2 58 10
Offen: 8-10, 16-o.e., So 12-o.e. Küche: 8-10, 16-o.e., 12-o.e.
Gerichte/€: 8,80-16,80. Dinner-Budget/€: 27,10
Karten: Keine

GÄSTE-URTEIL Essen **5** Trinken **5** Service **4** Atmosphäre **5**

Der macht's. Ingo Verdell „hat den Durchblick". Sein „urig-nettes" Lokal, „mit Sammeltellern geschmückt", ist für „viele gemütliche Stunden" gut. Die Crew „mal so, mal so": „freundlich-aufmerksam" wechselt sich mit „rechthaberisch-unentspannt" ab. „Keine Besonderheiten", aber „gute", „günstige" Gerichte: „echt fair" bepreist. Nach *Räucherlachs mit Toast und Meerrettich* (7,80) ist das *Schollenfilet 'Las Palmas' in Currycreme mit Mangochutney, gebratener Banane und Salatteller* (12,80) „der Sattmacher". „Geht immer" bei Familien und „großen Gruppen": *Schwarzwaldbecher* (3,50) am grünen Kachelofen. 16 „nette Weinchen", davon 7 im Glas.

Hot Places – der Sieger und alle Nominierten auf Seite 13

UTSPANN — Bistro

Westerland, Norderstr. 81/Nordseeklinik, (0 46 51) 3 33 12
Offen: 15-o.e. Küche: 18.30-22
Gerichte/€: 5-14
Karten: Keine

GÄSTE-URTEIL Essen **5** Trinken **4** Service **5** Atmosphäre **4**

Für zwischendurch. Es geht „gemütlich" und „entspannt" zu. Doch die Einrichtung der „erweiterten Klinik-Cafeteria" ist eher „voll Achtziger". Holzpaneele überall: unter der Decke, an der kleinen Bar und den Wänden. Neben Hospital-Besuchern kommen viele „mittelalte Paare", die mit ihren Freunden „gerne einkehren". Die lassen sich *hausgemachte Kartoffelsuppe* (4,50) vom „freundlichen Bedien-Duo" bringen. „Gut und günstig" ist die *Schlemmerplatte von Edelfischen mit Kaisergemüse und Bratkartoffeln* (12,90). „Für den kleinen Hunger": *Currywurst mit Brot* (4) oder mit *Pommes* (2,50) – Eilige machen „nichts falsch" damit. Dazu 8 offene Weine.

WEB-CHRISTEL — Neue internationale Küche

Westerland, Süderstr. 11, (0 46 51) 2 29 00
Offen: Do-Di 17-o.e. Küche: 17-22
Gerichte/€: 18,50-33,50. Dinner-Budget/€: 52,40
Menü/€: Abend 28,90-41,90. Karten: E

GÄSTE-URTEIL Essen **8** Trinken **8** Service **7** Atmosphäre **8**

„Zu blind gewesen?" Fragen sich Neulinge zu Recht, wenn sie dieses „wunderbare Kleinod" „endlich entdecken". Ein „schnuckeliges Lokal" im „Sylter Landhaus-Stil" mit vielen Windlichtern in den Fenstern. Die Küche bringt „Erstklassiges": *Matjestatar mit Äpfeln, Zwiebeln und Paprika* (8,80), *Steinbutt an der Gräte aus dem Sud mit Streifengemüse, Dijonsenfsauce und Salzkartoffeln* (33,50). „Klasse Magenschließer": *gehobelter Tête de Moine mit Tessiner Feigensenf* (9,50). Die Weinkarte von 190 Rebsäften (18 offen) aufstocken? Nein, „passt alles". Auch „in der Nebensaison ein Hit". Eigentlich ist die „Bedienung sehr nett", aber einige finden die Crew „zu belehrend".

Promi-Tipps

Ailine Liefeld, Fotografin und Art Director

Ich stehe voll auf den romantischen Sonnenuntergang auf Sylt. Bei **Wonnemeyer** (→ 70) ist der wunderschön anzuschauen oder an der Promenade im **Sunset Beach** (→ 89). Und: Der Wein ist unschlagbar – dazu gibt's knackige Surferboys gratis. Mit meinen Eltern sind wir gerne Gast bei **Franz Ganser** (→ 77) – er hat eine der tollsten Küchen der Insel.

Ailine Liefeld

Benedikt Walter, TV-Journalist

Auch wenn ich mich niemals als großen Weinkenner bezeichnen würde, für einen leckeren Tropfen werde ich schon schwach. Besonders im **Weinhaus Schachner** (→ 86) nimmt einem niemand die Unwissenheit krumm. Mit viel Enthusiasmus erleichtert mir das Personal bei der großen Weinprobe gerne die Entscheidung – und liegt nie daneben. Dazu die gemütliche Atmosphäre – toll!

Holger Be Blich

WIEN, CAFÉ — Café

Westerland, Strandstr. 13, (0 46 51) 53 35
Offen: 9-21, Winter 9-19. Küche: 9-20.30, 9-18
Gerichte/€: 6-15,50. Menü/€: Mittag 9-14/Abend 9-14
Karten: Keine

GÄSTE-URTEIL Essen **5** Trinken **5** Service **5** Atmosphäre **4**

„Weltbeste Trinkschoki!" Ganze 21 (!!) Sorten *Trinkschokolade* (3) wie *Zimt-Vanille* haben sich „den Titel verdient". Auf der Karte ist „alles dabei, was das Herz begehrt": warm, kalt, süß, salzig. Da startet jeder „schmackhaft in den Tag", ob Nachtschwärmer oder Omi: *skandinavische Frühstücksplatte mit verschiedenen kalten Fischen, Rührei* (11,20). Nachmittags dann *Torte bis zum Abwinken* (7,50) an der großen Glasvitrine ausgesucht oder *Pfannkuchen mit Kochschinken und Käse* (7,80). Warum die „vielen Seniorengäste" so „griesgrämig" sind, bei der „köstlichen" Auswahl? „Zynischer Witz" und „friesischer Dialekt" im Service, „nice". Alle 20 Weine offen.

AMRUM

Franziskaner WEISSBIER
SCHLEMMEN MIT FREUNDEN TOP 5

LIKEDEELER — Neue deutsche Küche

Nebel, Stianoodswai 29, (0 46 82) 7 77
Offen: 17-o.e. Küche: 17-22
Gerichte/€: 12,50-25,50. Dinner-Budget/€: 39,20
Karten: E

GÄSTE-URTEIL Essen **7** Trinken **5** Service **7** Atmosphäre **6**

Immer hinein. „Die gute Stube" Amrums. Der „beste Blick" aufs Watt ist natürlich inklusive. Einrichtung wie Küche: „bodenständig" und „rustikal". „Mjamm" zu *Likedeeler Meeresbrühe: Fischsuppe mit Grießklößchen, Fenchel und Tomaten mit Pernod parfümiert* (8,30) und *Schollenfilets 'Leuchtturm' mit Grillgemüse geschichtet zwischen Tomaten und Kartoffelpuffern und Weißwein- und Tomatensauce* (15,50). Oder die „klassische" *Lammkrone* (23,50). „Herrlich zart." Hinterher noch 'nen *Ziegentaler* (8,30). 16 Schoppenweine und 30 Flaschen „reichen aus". Viele Familien und deren Bekannte „freuen sich" über „herzliche Bedienung" unter Holzbalken.

Eine runde Sache: der Kreisverkehr in Wenningstedt

SEEKISTE — Neue deutsche Küche

Nebel, Smääljaat 2, (0 46 82) 6 40
Offen: Di-So 13-o.e. Winter 17-o.e. Küche: 14-21.30, 17-21.30
Gerichte/€: 11-23. Dinner-Budget/€: 36,10
Karten: E

GÄSTE-URTEIL Essen **5** Trinken **5** Service **6** Atmosphäre **6**

Es rappelt in der Kiste. Die Einrichtung „inseltypisch": „Seefahrerzeugs" wie Meerjungfrau, Schiffsbilder und Kacheln an den Wänden „noch und nöcher". Bei den Vorspeisen kommt (fast) „alles aus dem Meer": *Fischsuppe* (5,90) oder *Scampi gebraten* (8,90) „gehen immer". „Bestnoten" für „ordentlich was aufm Teller": *friesisches Himmelreich: Krabben und Kartoffeln mit Bechamelsauce* (16,80). Best Ager und Familien mit Anhang freuen sich über die „gelungene Arbeit" der Laufcrew und finden hier „alles supi". Auch im Abgang: Der *Espresso extravaganza mit Tartufo* (6) „ist 'ne Wucht", so „schön schokoladig". 36 „gute Tropfen", davon 10 im Glas.

HEINRICH, ZUM ALTEN — Neue internationale Küche

Norddorf, Ual Saarepswai 2-6, (0 46 82) 92 20
Offen: 8-22. Küche: 8-10.30, 11.30-14, 17.30-21.30
Gerichte/€: 9-39. Dinner-Budget/€: 49,10. Menü/€: Mittag 19-29/
Abend 23-35. Karten: E

GÄSTE-URTEIL Essen **8** Trinken **7** Service **6** Atmosphäre **7**

Solide Nummer. Die Küche von Robert Frenz ist „sehr ordentlich" und „passt punktgenau". „Der Speisesaal lichtdurchflutet": „schön eingedeckt" mit „schweren Tischecken" und „frischen Blumen". „Hübsche Fensterplätze", die sind „heiß begehrt". Ein Tipp: „mittags meist zu haben". Der *Tomaten-Brot-Salat, Rucola und Kräuterseitlinge* (11,50) sowie der *Seehecht auf der Haut gebraten mit Zwiebel-Oliven-Gemüse, Knoblauchsauce und Pariser Kartoffeln* (18) „recht ordentlich" zubereitet. Die *nordfriesische Käseauswahl* (9,80) „gerne genommen" von den älteren Paaren und den Gästen des Hotels. Bei 136 Preziosen gibt's 14 Schoppenweine. „Gute Tropfen" dabei.

HÜTTMANN, DAS KLEINE — Bistro

Norddorf, Ual Saarepswai 2-6, (0 46 82) 92 20
Offen: 11-22. Küche: 11-21
Gerichte/€: 6,50-15. Karten: E

GÄSTE-URTEIL Essen **6** Trinken **6** Service **6** Atmosphäre **7**

Der kleine Feine. „Ideal zum Aufladen der Kräfte nach der Inselrunde", finden viele Wanderer und Hotelgäste. Die „4 kleinen Tische" auf der Sonnenterrasse: „heißbegehrt". Drinnen „urgemütlich" – die Rattanstühle sind „bequem gepolstert" – und der „junge" Service ist „präsent". „Hier lässt's sich prima aushalten." Die Frage: „herzhaft oder süß?" „Immer eine gute Wahl": *Vitello tonnato* (9,50) sowie *Fischragout mediterran mit Gemüse und Tomatensauce, dazu Reis* (12,50) „schmecken toll" und „machen satt". Der *Pfannkuchen mit Vanilleeis und heißen Kirschen* (5,50) „ein Klassiker" und „zum Tee unbedingt zu empfehlen". Dazu 12 Weine, davon 5 im Glas.

SEEBLICK — Neue internationale Küche

Norddorf, Strunwai 13, (0 46 82) 92 10
Offen: 7.30-o.e. Küche: 11.30-21
Gerichte/€: 12,50-25. Dinner-Budget/€: 38,80
Menü/€: Mittag 25-47/Abend 25-47
Karten: M V E

GÄSTE-URTEIL Essen **8** Trinken **7** Service **7** Atmosphäre **6**

„Unkompliziert und doch exquisit." „Eine gute Mischung", findet das mittelalte Publikum. An der langen Holztheke vorbei, hinein in „die gute Stube". Nicht nur Hotelgäste „lieben das Langschläfer-Frühstück" und freuen sich unter Windjammern an der Decke über *Feldsalat mit Kartoffeldressing, dreierlei Ziegenkäse* (8,50), vom „netten Familien-Service" gebracht. Auch die *geräucherte Entenbrust, rosa gebraten auf Rahmkohl mit Gnocchi* (17,50) und die *Auswahl von Husumer Rohmilchkäsen mit dreierlei Obstsenf* (7,50) „lassen Herzen höherschlagen". Blaudunst-Freunde finden auch an der „Bierbar op de Bön" einen von 80 „guten Weinen" (10 offen).

UAL ÖÖMRANG WIARTSHÜS — Deutsch-mediterran

Norddorf, Bräätlun 4, (0 46 82) 8 36
Offen: 13-o.e., Winter 17-o.e. Küche: 17-21
Gerichte/€: 13,80-27,50. Dinner-Budget/€: 48,10
Menü/€: Abend 15-45. Karten: Keine

GÄSTE-URTEIL Essen **7** Trinken **6** Service **6** Atmosphäre **7**

Zwiegespalten. Die mittelalten Gästen mögen das Interieur: „blau-weißes Schiff auf Kacheln" und Holzbalken-Decke – „gemütlich". Und es geht „fröhlich-familiär" zu. Man nimmt sich „selbst nicht zu ernst", finden Familien und andere Inselurlauber. Wenige mäkeln am Service und verwechseln „frech" mit „nordischem Witz und Charme". „Einen Versuch wert" und „überaus fein": *original Amrumer Fischsuppe* (5,50), *Lammkarree unter der Kräuterkruste schonend auf Niedertemperatur gegart und auf dem Grill vollendet, mit Knoblauchjus und angeschwenktem Marktgemüse* (24,80) und *Edelfisch-Platte mit zerlassener Butter und Salzkartoffeln* (2 P. 34,80).

WELTENBUMMLER — Deutsch-mediterran

Steenodde, Stianoodswai 17, (0 46 82) 9 42 40
Offen: 14-21.30, Nebensaison Di-So 18-21.30. Küche: 18-21.30
Gerichte/€: 7-28. Dinner-Budget/€: 34,80. Menü/€: Abend 17,50
Karten: M V E

GÄSTE-URTEIL Essen **7** Trinken **6** Service **7** Atmosphäre **7**

Schön frisch. Die Farbe getrocknet und den „Charme der Friesen" noch herausgearbeitet: Kacheln in Blau und Weiß und der „knisternde Kamin". Da kommt „Romantik-Stimmung" auf. „Sympathisches Personal" unterm Reet gepaart mit den „sehr guten Speisen" von Chef Jens Autzen. Zu „absolut fairen Preisen": *Parmesansüppchen mit Bärlauch- und Tomatencrostini* (6,80), *gebratenes Schwertfischfilet mit Gremolata, weißem Tomatenrisotto und marinierter Paprika* (19,40) sind „herrlich" und „schmecken frisch". Ein *Erdbeersalat mit Waldmeistermousse und Cidre-Eis in der Honigwabe* (8,20) „darf nicht fehlen". „Überschaubare Weinkarte": 18 Glasweine nicht nur für Hotelgäste.

Hot Places – der Sieger und alle Nominierten auf Seite 13

BLAUE MAUS — Kneipe

Wittdün, Inselstr. 107, (0 46 82) 20 40
Offen: Fr-Mi 18-3. Küche: 18-24
Gerichte/€: 5-16
Karten: Keine

GÄSTE-URTEIL Essen **4** Trinken **8** Service **5** Atmosphäre **6**

Vierte Dekade angebrochen: Glückwunsch! Das „Urgestein der Insel", ist sich das bunt gemischte Publikum einig. „Wer nicht hier war, kennt Amrum nicht", heißt's auch von Einheimischen. „Ein Erlebnis": *Whisky-Seminare* (p.P. ab 35). Durch das „reichhaltige Programm" führt Jan von der Weppen „mit viel Herz" und „tollen Geschichten". Hungrige sind mit dem *englischen Basket mit Fisch, Calamares und Salat* (10) „gut" bedient. Dazu schmecken *Störtebeker Schwarzbier* (0,3 l/2,70) und *Paul Butterbrodt* (0,02 l/1,80). „Rauchen im Wintergarten" kein Problem. Leider nicht an der „gemütlichen Theke" und rund um die „alten Reklame-Schilder". 10 der 15 Weine im Glas.

WEIßE DÜNE — Deutsch-bürgerlich

Wittdün, Inselstr. 59, (0 46 82) 94 00 18
Offen: 8-o.e., Winter 8-14.30, 18-o.e. Küche: 12-21.30, 12-14,
18-21. Gerichte/€: 8,50-39,90. Dinner-Budget/€: 47,60
Menü/€: Mittag 13/Abend 20-95
Karten: A M V E

GÄSTE-URTEIL Essen **7** Trinken **6** Service **5** Atmosphäre **5**

Unter Sternschnuppen? Das angeschlossene Hotel lässt „mehr erwarten". Aber die Teller-Azubis „geben im Service ihr Bestes" rund um die roten Samtstühle und die schweren Tische, urteilen „mittelalte Hotelgäste" und Spaziergänger. Die Küche „nahezu tadellos": Nach *Oma Annis Krabbensuppe: Weißweinsuppe mit Hummerbutter, Dillspitzen und Nordseekrabben* (8,40) geht's „zünftig weiter" mit dem *friesischen Stew: Weißkohl mit Zwiebeln, Kartoffeln und Lammfleisch in würziger Brühe mit Kümmel und Knoblauch, dazu hausgebackenes Speckbrot* (13,90) und *Waldbeerensorbet mit Honig und Kirschwasser* (6,50). Unter 39 Rebsäften stehen 12 entkorkte auf der „netten Weinkarte".

FÖHR

ALTES LANDHAUS — Deutsch-bürgerlich

Moderat TOP 10

Nieblum, Bi de Süd 22, (0 46 81) 25 72
Offen: Mi-Mo 12-14, 18-22. Küche: 12-13.45, 18-21
Gerichte/€: 10,50-19,50. Dinner-Budget/€: 32,50
Karten: E

GÄSTE-URTEIL Essen **6** Trinken **6** Service **7** Atmosphäre **6**

Auf dem Weg in die sechste Dekade. Das Haus von Elke Schultz hat eine „lange Tradition". Hat „seit 1955" „viele Stürme überstanden": Man ist sich unterm Reet mit rotweißen Tischdecken „treu geblieben" und „schafft den Spagat" zwischen „bürgerlich-friesisch" und „international angehauchten" Gerichten: *Currysuppe mit Banane* (4,60), *Fischteller 'Nordsee' mit Kabeljau und Seelachs mit Krabbensauce, Petersilienkartoffeln* (15,50). „Immer wählen": *Omas Grießpudding* (5,50). „Eine Empfehlung" mittags ist *Steinbeißerfilet mit Dijonsauce* (8,90). Von 21 Tropfen 9 im Glas. Über „herzlichen Familienservice" freuen sich Großeltern mit ihren Kids und den Enkeln.

DER KLEINE WITT, BISTRORANT — Neue dt. Küche

Premium TOP 10

Nieblum, Alkersumstieg 4, (0 46 81) 5 87 70
Offen: 12-o.e., Nebensaison 17.30-o.e. Küche: 12-22, 18-o.e.
Gerichte/€: 9,80-34. Dinner-Budget/€: 46,10. Karten: E

GÄSTE-URTEIL Essen **8** Trinken **8** Service **6** Atmosphäre **8**

Speisen ohne Tadel. *Vitello tonnato vom Kalbsbraten, Tunfisch-Kapern-Sauce* (11,50) „stimmt vortrefflich auf den Abend" mit „goldverzierten Antiquitäten" ein. Der *ganze kanadische Wildfang-Hummer in Limonen-Trüffel-Butter* (33) besticht durch „seine Zartheit und seinen Geschmack". Und „à la bonne heure" die *Mascarpone-Jogurt-Creme auf Erdbeer-Rhabarber-Ragout* (8). Die Mannschaft „zurückhaltend", aber „freundlich". Schade nur: „Mit Kindern unterwegs", dann folgt ein „wenig netter Umgang", erlebten einige. Viele Stammgäste „gehören zur Familie" und erhalten „eine andere Behandlung", berichten Neulinge. Über 210 „gute Tropfen", 32 offen.

KOHSTALL, CAFÉ   Café

Nieblum, Jens-Jacob-Eschel-Str.12, (0 46 81) 51 12
Offen: 13.30-18.30, Di+Fr 19-2, Winter Mi-So 13.30-18
Küche: 13.30-18.30, 19-21.30, 13.30-18. Gerichte/€: 2,50-17
Karten: M V E

GÄSTE-URTEIL Essen **5** Trinken **5** Service **6** Atmosphäre **6**

Wie zu Hause. Das „gemütliche Wohnzimmer-Flair" mit vielen „urigen Sitzecken" ist „einfach perfekt zum Erholen" für Radtourer, Spaziergänger und Familien mit Anhang. Die Couch-Ecken auf Fliesenboden sowie die Holzdielen im oberen Stock „machen echt was her". Um die hellen Balken schwirrt der Familien-Service „wieselflink" und „sehr herzlich". Dazu schmecken *Mohnkuchen vom Blech* (Stk. 2,50) und *Stachelbeer-Torte* (Stk. 2,50) „wie bei Oma". Mit einem *Milchkaffee* (2,30) folgt „die gewünschte Entspannung". Freitagabends gibt's „satt machendes" *gegrilltes Föhrer Salzwiesen-Lamm* (17), Tipp: „am besten mit Anmeldung". Dazu einen von 10 offenen Weinen.

Bleibt der Wind aus, lassen sich Wassersportler mit dem Wakeboard ein.

LAURAS RESTAURANT   Neue deutsche Küche

Oevenum, Buumstrat 49, (0 46 81) 5 97 90
Offen: Do-So12-23, Mo-Mi 14-22.30, Winter Mi-So 14-22.30
Küche: 12-14, 18-21, Sa+So 18-21.30, Winter 18-22.30
Gerichte/€: 16,50-29,50. Dinner-Budget/€: 41,50
Menü/€: Abend 28,50-32,50. Karten: E

GÄSTE-URTEIL Essen **7** Trinken **6** Service **8** Atmosphäre **8**

„Fein und edel." So kommen die „elegant angerichteten Speisen" von Chefkoch Jörn Sternhagen daher. „Kaum Wünsche offen" bleiben beim „gesetzten Gast" „im alten Bauernhof" mit Kachelofen: *Tomatenrahmsuppe mit Sherry* (4,90) und *Schollenfilets gefüllt mit Gemüsestreifen auf schwarzen Nudeln* (19,50). Unter „blitzenden Kupfer-Lampenschirmen" schmecken auch *Strammer Lachs: Räucherlachsscheiben mit Spiegelei und Nordländer-Schwarzbrot* (14,50) „hervorragend". Die „zauberhafte" Bedien-Crew: „aufmerksam" und „dezent". Montags wartet ein „reichhaltiges" *Fischbuffet zum Sattessen* (29,50) und mittwochs *Leseabend-Menü* (32,50) mit Prosa. 50 Weine, 7 offen.

UAL SKINNE — Deutsch-französisch

Utersum, Boowen Taarep 11, (0 46 83) 13 98
Offen: 12-22. Küche: 12-14, 18-22
Gerichte/€: 17-32. Dinner-Budget/€: 45,70.
Menü/€: Mittag 22-32/Abend 32-45. Karten: E

GÄSTE-URTEIL Essen **7** Trinken **6** Service **7** Atmosphäre **8**

Die Verwandlung. Während nachmittags viele Wanderer haltmachen, kommen abends „hübsch gemachte Menschen im besten Alter" und mit „Kindern und Enkeln". Unterm Reetdach mit rot-weißen Tischdecken erfreuen die sich „der guten Speisen": „Supersuppe" *Pot: friesische Spezialität* (7,40) oder *Nordfriesländer Lammrücken mit Kräuterkruste und Rosmarinkartoffeln* (22,80). Da ist das „Lob" nicht weit: „trés bon", weil's „auf den Punkt passt", dazu schmecken die 35 „gut sortierten Tropfen" (15 im Glas), wie der *Chateau du Lort Bordeaux* (0,2 l/5,90). Süßfreunde „lieben die knusprige" *Crème brûlée* (5,20) und mögen die „freundliche" Lauf-Crew.

AUSTERNFISCHER — Deutsch-bürgerlich

Wyk, Hafenstr. 40, (0 46 81) 5 98 10
Offen: Fr-Mi 17.30-o.e. Küche: 17.30-21
Gerichte/€: 9-22. Dinner-Budget/€: 32,80
Karten: A D M V E

GÄSTE-URTEIL Essen **6** Trinken **5** Service **5** Atmosphäre **5**

Ein „guter Platz". „Der Blick in den Hafen": „einfach wunderbar". Die Hotelgäste und „Fisch-Freunde" schwören auf „alles aus dem Meer": *Curry-Ingwersuppe mit gebratenen Scampi* (6) „schmeckt toll". Beim *Filet vom irischen Bio-Lachs mit Ciabatta-Kruste, dazu eine Sauce von frischen Gartenkräutern, Butterkartoffeln und Salatteller* (17) macht man „alles richtig". „Auf den Punkt gebracht" von „freundlichen" Teller-Jongleuren, die „ihren Job verstehen". Auf „schicken Holzstühlen mit grauen Sitzflächen" und der roten Lederbank dann *Vanilleeis mit heißen Kirschen* (5,50). „Schöne Segler-Bilder" in Öl, meinen Paare im Doppelpack. 20 Tropfen, 10 glasweise.

ERWINS IMBISS Gode Wind — Bistro

Wyk, Feldstr. 12, (0 46 81) 74 77 40
Offen: 11.30-14, 17.30-22. Küche: 11.30-14, 17.30-22, Winter 11.30-14, 17.30-21. Gerichte/€: 6,90-11,50
Karten: E

GÄSTE-URTEIL Essen **5** Trinken **5** Service **5** Atmosphäre **5**

„Klein und fein." Der „Mini-Ableger" der Andresens profitiert von der „tollen Küche" von Chefkoch Erwin und natürlich vom „freundlichen Service". Vorteil: „günstig" und „nicht weniger schmackhaft" als „der große Bruder". Die Gerichte aber „bodenständiger": Wie bei der *Krabbensuppe* (3,80) stimmt auch beim *Cordon bleu von der Pute mit Pommes* (9,50) „das Preis-Leistungs-Verhältnis". „Spät-Aufsteher" wählen das *Bauernfrühstück* (6,50) oder *3 Reibekuchen mit Apfelkompott* (3,50) – da haben Eltern mit Kids „nichts zu meckern". Augenfang: weißes Glasregal an der Wand mit „Paneelen in Apricot und Rot". Gleich 20 entkorkte Rebsäfte unter den 30 Weinen.

FRANCO, PIZZERIA — Italienisch

Wyk, Königstr. 5, (0 46 81) 39 99
Offen: 9-23. Küche: 11-23
Gerichte/€: 5,50-16,50. Dinner-Budget/€: 24,50
Karten: E

GÄSTE-URTEIL Essen **5** Trinken **5** Service **5** Atmosphäre **4**

Die Verbindung: Die Einrichtung „altdeutscher Kneipen-Stil" trifft „ordentliche Stiefelküche". Über drei Dekaden ist's „die beste Pizzabude". Für Groß und Klein, die auf den „alten Holzbänken" sitzen, gibt's nach der *Minestrone* (3,80) „den Renner": *3 Steaks vom heißen Stein, Folienkartoffel mit Quark, Salat und Kräuterbutter* (14,80). Das „brutzelt schön" am eigenen Tisch. Und 17 Vini italiano (11 im Glas) werden „prompt gebracht" von den „freundlichen" Ragazzi. Hinterher: *Melone-Parmaschinken* (8,90). Die Küche kann aber „auch inseltypisch": *Matjes nach Föhrer Art mit Apfelrahmsauce* (9,80). Alles zu einem „guten Preis-Leistungs-Verhältnis".

GLAUBE, LIEBE, HOFFNUNG — Szene-Kneipe

Wyk, Hafenstr. 28, (0 46 81) 58 04 40
Offen: Mo-Sa 18-o.e. Küche: -
Gerichte/€: -
Karten: Keine

BAR TOP 10

GÄSTE-URTEIL Essen **–** Trinken **6** Service **5** Atmosphäre **6**

Klönschnack deluxe. Ist das Tagewerk erledigt, gibt's „kein Vorbeikommen" an diesem „Kultladen". Oder „nach dem Abendmahl". Claus Menden macht „keinen Unterschied": Insulaner werden genau wie Urlauber „gleich behandelt". „Kulturübergreifend." Das Markenzeichen: „schrofffreundlicher Umgang" unter „ausgestopften Fischen". „Ohne Schickimicki" ist's „erfrischend", trotz „Bussibussi" bei der Begrüßung unter den Stammgästen. „Gut gemischte Drinks" wie *Cuba Libre* (4,70) oder *Gin Tonic* (5) sowie *Campari Soda* (4,40) „gehen immer". Die „viel vertretene Lady-Schar" labt sich an *Baileys* (1,80). Dazu 5 offene Weine. Bleibt so: „Raucher sitzen an der Theke."

FÖHR

GODE-WIND
Deutsch-bürgerlich

Wyk, Feldstr. 12, (0 46 81) 55 52
Offen: 11-14, 17.30-22. Küche: 11.30-14, 17.30-21.30
Gerichte/€: 9-21,90. Dinner-Budget/€: 34,40
Menü/€: Mittag 8,80-18,80/Abend 8,80-18,80. Karten: E

GÄSTE-URTEIL Essen **6** Trinken **5** Service **6** Atmosphäre **5**

Schön „heimelig": Bierkrüge mit Pferdemotiven, Tiffany-Lampen und „einer Menge bunte Gewächse" als kleiner Sichtschutz zwischen den „hübsch gedeckten Tischen". Die *indische Fischsuppe mit Kräutern* (4,90) „mit Pfiff", denn der Chef an den Töpfen „hat's raus". Die *große Scholle 'Finkenwerder Art' mit Nordseekrabben, Salatteller, Bratkartoffeln* (18,80) ist „eine ordentliche Portion". Und im Nachgang „kräftig-deftig", der *Apfelpfannkuchen mit Calvados und Vanilleeis* (5,50) – nix für die Kids, die im Schlepptau der Eltern und Großeltern „gern gesehen" sind. Der Bringdienst „sorgfältig" und „freundlich". „Gepflegte Auswahl": 30 Weine, 20 im Glas.

*Köstliche Gaumenfreuden bietet das **In Luv un Lee**.*

IN LUV UN LEE Restaurant
International

Wyk, Waldstr. 13/ Südstrand, (0 46 81) 74 68 22
Offen: 12-14, 17.30-o.e., Winter 17.30-o.e., Sa+So 12-13.30
Küche: 12-14, 17.30-o.e., 12-13.30. Gerichte/€: 10-18
Dinner-Budget/€: 30,80
Karten: Keine

GÄSTE-URTEIL Essen **5** Trinken **4** Service **6** Atmosphäre **7**

Familie geht vor. Chef an den Pfannen und Chefin im Service: „urgemütlich", „herzlich" und „ein Fels in der Brandung". Die Kids der „vielen Familien" toben draußen, während sich Eltern und Verliebte drinnen „verwöhnen lassen". Bei *Krabben in Kräuter-Vinaigrette mit warmem Baguette* (8,80) „geht das Herz auf". Nach der **Lammpfanne mit einem Stück aus der Hüfte und Kartoffel-Brokkoli mit Schafskäse gratiniert** *(16)* folgt Crêpe mit heißen Kirschen und Vanilleeis *(4,80)* – „wow"! Die „alten Stühle" mit verschiedenen Schnitzereien im „schnuckelig-kleinen Gastraum" sind „so wunderschön, dass man sie gleich mitnehmen möchte". 10 Schoppenweine.

KLEIN HELGOLAND — Café

Wyk, Achtem Diek 14/Yachthafen, (0 46 81) 7 47 16 73
Offen: 11-18. Küche: 11-18
Gerichte/€: 4,50-14,50
Karten: E

GÄSTE-URTEIL Essen **5** Trinken **6** Service **7** Atmosphäre **7**

Am Ende warten – und „den grandiosen Ausblick" genießen. Von den „alten Holzdielen" aus und die „niederländischen Kacheln" im Rücken „sieht man bei tollem Wetter bis zum Festland rüber": „herrlich"! Auch der Blick in den Hafen bei „herzhaftem" *Flammkuchen mit Flusskrebsen (14,50)* oder *Pfannkuchen mit Speck (7,80)* ist „wunderschön". Neben Kuchen wie *Nordsee-Welle (3,30) passt immer die* italienische Trinkschokolade (3,80). Die Schürzenträgerinnen sind „gut unterwegs" und „freundlich" und bringen 14 Schoppenweine: Das „macht Laune". Immer „ein Hingucker" für Pärchen, Best Ager oder Familien: der „runde Kachelofen mit goldener Luke" im Backsteinhaus.

Süß und herzhaft: **Klein Helgoland**

PFANNKUCHEN-HAUS, DAS — Deutsch-bürgerlich

Wyk, Gmelinstr. 29, (0 46 81) 7 66
Offen: 12-o.e. Küche: 12-o.e.
Gerichte/€: 7,90-23,60. Dinner-Budget/€: 31,80
Karten: M V E

GÄSTE-URTEIL Essen **6** Trinken **5** Service **7** Atmosphäre **6**

Das Runde für Groß und Klein. Die Karte lässt keinen Zweifel aufkommen: Das „Eldorado für Pfannkuchen-Fans" steht auf Föhr. Bei „familiär-herzlichem" Service in grün-gelben Westen „bleiben Wünsche kaum lange offen". „Die Augen weit offen" bleiben dagegen, wenn ein *Kräuterkorb: mit Käse überbackener Kräuter-Pfannkuchen (9,60)* oder ein „deftiger" *Speck-Pfannkuchen (7,90)* „flink" auf den Tisch kommen – „boah"! Die Erwachsenen „erfreuen sich" am Ambiente: antike Anrichte mit „hübschen Teekannen" oder der „stille Laubengang", während die Kleenen *Quarkspeise mit Früchten (4,50)* mampfen. Könnte „ein bisschen mehr" sein: 8 offene Weine.

ROCCA, LA
Italienisch

Moderat TOP 10 · FÖHR

Wyk, Königstr. 1, (0 46 81) 5 87 00
Offen: 7.30-24. Küche: 7.30-10, 11-23
Gerichte/€: 6,40-16,90. Dinner-Budget/€: 29,20
Menü/€: Mittag 6,90-24,90/Abend 6,90-24,90
Karten: E

GÄSTE-URTEIL Essen **6** Trinken **6** Service **7** Atmosphäre **7**

Idealkombination: „kurze Wege", „Kids im Blick" und „beste Italo-Kost". Dazu „flinke Ragazzi", die „sich auskennen". Die Cucina besticht mit *Focaccia La Rocca: Pizzabrot mit Tomate, Basilikum und Zwiebeln* (4,20), *Filetto di Pangasio Livornese: Pangasiusfilet mit Knoblauch in Weißwein in Tomaten-Hummer-Sauce* (12.90) und *Risotto Venezia mit Schinken, Brokkoli und mit Käse überbacken* (8) – „das kann sich alles sehen lassen". Dazu 30 Vini (8 im Glas). „Me gusto", sagen nicht nur Familien, die im Hotel wohnen. Freunde des blauen Dunstes haben „einen Extra-Raucherbereich". „Super" finden das alle unterm „Kronleuchter" und an „weiß gedeckten Tischen".

Petri Heil: Am Strand mit der Angel den Tag ausklingen lassen

NIEBÜLL
CASA PICCOLI
Italienisch

CAMPARI LIEBLINGS-ITALIENER TOP 5

Rathausstr. 16a, (0 46 61) 60 03 33
Offen: 12-24. Küche: 12-23
Gerichte/€: 5-17,50. Dinner-Budget/€: 26,20
Karten: E

GÄSTE-URTEIL Essen **5** Trinken **5** Service **5** Atmosphäre **5**

„Wie auf dem Marktplatz": Es geht „laut" zu. „Viele Gespräche" und eine „geräuschvolle Untermalung". Die Kellner „flott unterwegs" und „zuvorkommend", servieren 14 Vini, 7 davon offen. *Crema di Funghi: original italienische Champignoncremesuppe* (3,50) – „sehr fein". Das *Filetto al Gorgonzola: Rinderfilet mit Gorgonzolasauce, dazu Rosmarinkartoffeln* (17,50) ist „sehr in Ordnung". Doch meist „Jungvolk" tendiert im „Speisesaal mit Baum" und rot-weißen Tischdecken „mehr zu Pasta" wie *Spaghetti Rucola* (8), weil's „supergünstig" ist. Ein Dolci nach Maß: *Tartufo* (3) – auch auf der Terrasse unter den „Schatten spendenden Bäumen". „Tutto bene!"

Jürgen Reitböck / pixelio.de, Bild rechts →

HOTELS

BUDERSAND ★★★★★S/Luxus

Sylt-Hörnum, Am Kai 3, (0 46 51) 4 60 70
Fax (0 46 51) 4 60 74 50
Tagesaktuelle Preise: marcellinos.de/hotelbuchung
Karten: M V E

GÄSTE-URTEIL Wohnen **9** Arbeiten **6** Service **8** Atmosphäre **9**

Das „Golf-orado". „Am Fuße des 18-Loch-Platzes" steigen „gut betuchte Golfer" ab. 8 Einzelzimmer (21 qm), 48 Doppelzimmer (26-38 qm) sowie 17 Junior-Suiten (42-55 qm) und 6 Suiten (61-65 qm) bieten „hohen Erholungswert": Flatscreen, MP3-Anschluss und Internet. „Klare Linien plus Rattan." „Ständig erweitert": die „hauseigene Bibliothek". Nicht nur „super für Regenwetter", finden Schmöker-Freunde im 1.000-qm-Spa. „Angenehme Hausgeister", „top geschult". „Okay": 71-qm-Tagungsraum.
Im Hotel: *Den schönen Blick aufs Meer und das exquisite Bio-World-Food genießt man im* **Kai3**. ***Außerhalb:*** *Angeschlossen an den Golfkurs wandert man ins* **Strönholt**.

GOLF- & LANDHAUS KAMPEN ★★★★★/Luxus

Sylt-Kampen, Braderuper Weg 12, (0 46 51) 4 69 10
Fax (0 46 51) 46 91 11
Tagesaktuelle Preise: marcellinos.de/hotelbuchung
Karten: A M V E

GÄSTE-URTEIL Wohnen **8** Arbeiten **2** Service **7** Atmosphäre **7**

Der „Liebhaber-Bonus". Alle Golfer und Insel-Kenner „schwören" auf die 7 Doppelzimmer (27 qm) und die 5 Suiten (35-60 qm). Die „reinste Erholung" nach dem Abschlag. Dazu Strandkörbe im Garten sowie Sauna und Pool. Dominant: „Farben in Ocker, Champagner oder Weinrot" mit „klassisch-elegantem Charakter". In den Zimmern warten „dunkle Dänen-Möbel" mit „hellen Bezügen" vorm Kamin und klassischen Stehlampen. Das „supergute Team" berät „hervorragend" und steht „immer zur Verfügung".
Im Hotel: *diskutieren an der* **Bar** *über die Abschläge des Nachmittags.* ***Außerhalb:*** *Ein absolutes Muss ist* **Wiin Kööv**, *immer eine gute Wahl:* **Manne Pahl** *und* **Odin**.

VILLAGE ★★★★/Luxus

Sylt-Kampen, Alte Dorfstr. 7, (0 46 51) 4 69 70
Fax (0 46 51) 46 97 77
Tagesaktuelle Preise: marcellinos.de/hotelbuchung
Karten: E

GÄSTE-URTEIL Wohnen **9** Arbeiten **1** Service **9** Atmosphäre **9**

„Top-Adresse" zum „Top-Ausspannen". „Viele kleine Details" „machen den Unterschied". Vom 3-Loch-Golfplatz zu „edel eingerichteten" Zimmern (27-33 qm). Die ebenso „exquisiten" Suiten (33-50 qm) „individuell gestaltet": „goldbeige Tapete" oder „Tiger-Design-Telefon". Alle Suiten über „2 hervorragende Etagen". Einige mit „eigenem Kamin" für „betuchte Gäste", andere mit Terrasse versehen. Die „dezente Crew" versprüht „familiären Charme" und „verwöhnt von A-Z". Mini-Wellness „hübsch".
Im Hotel: *werden täglich wechselnde Gerichte angeboten.*
Außerhalb: **Gourmet Eck** *verwöhnt mit allerlei Frischem. Bei* **Jens'ns Tafelfreuden** *Gaumenfreuden erleben.*

HOTELS

WALTER'S HOF ★★★★/Ferienhotel

Sylt-Kampen, Kurhausstr. 23, (0 46 51) 9 89 60
Fax (0 46 51) 4 55 90
Tagesaktuelle Preise: marcellinos.de/hotelbuchung
Karten: M V E

GÄSTE-URTEIL Wohnen **8** Arbeiten **4** Service **7** Atmosphäre **8**

„Viel Raum zum Wohlfühlen." In 32 Zimmern der „exquisiten" Residenz gibt's kostenloses W-LAN, „hochwertige Materialien" und vor allem „viiieeel Platz". Wer zum Arbeiten kommt, ist „fehl am Platz": Tagungsräume gibt es nicht. Entspannung und Ruhe hingegen werden „großgeschrieben": Schwimmbad, Dampfbad, Sauna, Solarium und Massagen bieten eine „Auszeit" vom stressigen Alltag. „Einfach himmlisch." Das „sehr nette" Team kümmert sich „erstklassig" um die „meist gut betuchten Gäste".
Im Hotel: *Regionale und internationale Gaumenfreuden gibt's im Restaurant* ***Tappe's****.* ***Außerhalb:*** *tolle Cocktails in der* ***Cohibar****. Internationales im* ***Piratennest****.*

AARNHOOG ★★★/Ferienhotel

Sylt-Keitum, Gaat 13, (0 46 51) 39 90
Fax (0 46 51) 3 99 10
Tagesaktuelle Preise: marcellinos.de/hotelbuchung
Karten: A M V E

GÄSTE-URTEIL Wohnen **9** Arbeiten **3** Service **9** Atmosphäre **9**

Keitumer Kleinod. Gehört zu den „Lieblingen der Insel". Mit 12 „herrlich eingerichteten" Zimmern und Suiten braucht sich „das schicke Reethaus" „nicht zu verstecken". Von 24-qm-Doppelzimmer bis 52-qm-Familiensuite mit Kinderkoje und „Bett in der Schrägen". Ausstattung: DVD, TV, W-LAN und „freistehende Badewanne" in der Hochzeitssuite (35 qm). Der „unterirdische Zugang" zum „tipptopp Wellness-Bereich": „türkise Minikacheln", „süße Wasserspeier in Blau". „Arbeiten? Hier nicht!"
Im Hotel: *die* ***Tee- und Kaffeestuuv*** *nach dem Spaziergang und abends à la carte.* ***Außerhalb:*** *fein speisen und in gediegen-privater Atmo in* ***Florians ess.zimmer****.*

KAMPS ★★★/Charmant

Sylt-Keitum, Gurtstig 41, (0 46 51) 9 83 90
Fax (0 46 51) 98 39 23
Tagesaktuelle Preise: marcellinos.de/hotelbuchung
Karten: A D M V E

GÄSTE-URTEIL Wohnen **7** Arbeiten **2** Service **7** Atmosphäre **7**

Der „Rückzugsort". Wer viel Trubel braucht, ist „fehl am Platz". Die „kleine Oase" mit „vielen Möglichkeiten zum Entspannen" bietet unterm Reet „Modernes und Gemütliches". Ältere Paare, die sich mit der Familie im Café treffen, empfehlen die „Nächte in den Treca-Betten". „Herrlich." Auch die „ausgewählten Kunstwerke" an den Wänden und die „wechselnden Ausstellungen" gefallen: „zeitgenössisch" und „wohlgewählt". Und der „fleißige" Helferstab verwöhnt. Business „macht man woanders".
Im Hotel: *Kuchenfreunde und Plaudertaschen schwören aufs* ***Café KAMPs****.* ***Außerhalb:*** *nett und gemütlich:* ***Benen-Diken-Hof*** *und exquisit Fischiges bei* ***Karsten Wulf****.*

GRAND SPA RESORT ★★★★★S/Luxus

Sylt-List, Listlandstr. 11, (0 46 51) 96 75 00
Fax (0 46 51) 96 75 07 99
Tagesaktuelle Preise: marcellinos.de/hotelbuchung
Karten: A M V E

GÄSTE-URTEIL Wohnen 9 Arbeiten 5 Service 8 Atmosphäre 9

„Traumblick." Mit 177 Zimmern, davon 30 Suiten, ist „der Newcomer der Insel" mit „toller Aussicht aufs Watt" ausgestattet. Das Hotel bietet Familien und Einzelreisenden „Raumkomfort der Extraklasse". Alleine gibt's 27 qm „Platz satt" oder eine Suite mit 90 qm mit Salz-und-Pfeffer-Sesseln. „Nette Hausgeister" inklusive. Meerwasser-Pool, 3.500 qm Spa- und Sauna-Landschaft auf zwei Etagen sowie Fitness- und Cardiobereich: „Wow!" Tagungen „kein Problem". 6 Räume mit 75-264 qm Fläche.
Im Hotel: Gleich dreifach wird man hier bedient. In der **Cucina della Mamma** auf italienisch, Euro-Asiatisches gibt's im **Spices**, feine Gourmetküche im **La Mer**.

FÄHRHAUS ★★★★★S/Luxus

Sylt-Munkmarsch, Heefwai 1, (0 46 51) 9 39 70
Fax (0 46 51) 93 97 10
Tagesaktuelle Preise: marcellinos.de/hotelbuchung
Karten: A M V E

GÄSTE-URTEIL Wohnen 10 Arbeiten 5 Service 10 Atmosphäre 10

Ort der Ruhe. Einige der 12 Doppelzimmer (32-36 qm) verfügen über eine Garten-, andere über eine Dachterrasse. „Toller Meerblick." „Luxuriös-gemütliche" Suiten (45-96 qm). „Liebevolle Einrichtung": Die Familiensuite mit „grünem Sekretär" und „antiker Uhr" sowie Fernrohr hat auch „schöne Panorama-Fenster". „Lockeres Personal", das den „gewissen Abstand gekonnt wahrt". „Sportiv", diese „Cardiogeräte und Freihanteln". Danach ins 700 qm große Spa. 2 Tagungsmöglichkeiten und W-LAN.
Im Hotel: geschmacklich obere Liga: **Restaurant Fährhaus** und **Käpt'n Selmer Stube**. *Außerhalb:* lockt die tolle Sonnenterrasse im Restaurant-Café **Zur Mühle**.

SÖL'RING HOF ★★★★★/Luxus

Sylt-Rantum, Am Sandwall 1, (0 46 51) 83 62 00
Fax (0 46 51) 8 36 20 20
Tagesaktuelle Preise: marcellinos.de/hotelbuchung
Karten: A M V E

GÄSTE-URTEIL Wohnen **10** Arbeiten **5** Service **10** Atmosphäre **10**

„Wohlfühlfaktor? Hoch!" 15 Zimmer und Suiten (26-75 qm) „haben einen stolzen Preis" und „bieten doch so viel" mit „Hightech vom Feinsten". „Liebe zum Detail": „Dezente Deckenspots" und „klassische Stehlampen" mögen die „betuchten Gäste". Der Blick von den Terrassen ins Watt „unschlagbar". Neben Abholung vom Bahnhof auch eigener Strandkorb, „W-LAN und Minibar inkludiert". Im Wellness-Bereich warten „Griechensäulen an den Türen". Die Crew „top geschult". „Arbeiten ist Nebensache."

Im Hotel: *wird man von Sterne-Koch Johannes King im* **Restaurant** *verwöhnt mit Landhausküche. Besonders exquisite Whiskys oder Zigarren warten in der* **Kaminbar***.*

STRICKER, LANDHAUS ★★★★★/Zeitlos

Sylt-Tinnum, Boy-Nielsen-Str. 10, (0 46 51) 8 89 90
Fax (0 46 51) 8 89 94 99
Tagesaktuelle Preise: marcellinos.de/hotelbuchung
Karten: A D M V E

GÄSTE-URTEIL Wohnen **9** Arbeiten **6** Service **9** Atmosphäre **9**

Angenehmes Abschalten garantiert. Mit „sehr freundlichem und zuvorkommend-perfektem Service" stellt sich „von Beginn an Erholung" ein. Eigener „Park mit Wasserfall" und „gut sortierte Bibliothek" laden zum Verweilen ein. Durch DSL- und Fax-Anschluss auf den Zimmern (ab 25 qm) ist für Geschäftsreisende und gut betuchte Paare „Arbeiten kein Problem". Wellness-Bereich (700 qm) mit „kleinen grünen Mosaikkacheln" und Dampfsauna „lässt keine Wünsche offen". Tagungen für 40 Personen.

Im Hotel: *verwöhnt Maître Holger Bodendorf im gleichnamigen Restaurant seine Gäste. Ungezwungen im* **Restaurant Stricker** *in der* **Tenne** *oder im* **Kaminzimmer** *speisen.*

STRANDHÖRN ★★★★/Charmant

Sylt-Wenningstedt, Dünenstr. 20, (0 46 51) 9 45 00
Fax (0 46 51) 4 57 77
Tagesaktuelle Preise: marcellinos.de/hotelbuchung
Karten: A E

GÄSTE-URTEIL Wohnen **9** Arbeiten **2** Service **9** Atmosphäre **8**

Tradition verpflichtet. Knapp 100 Jahre steht das Haus, in dem Familie Lässig „über 35 Jahre" mit den „fleißigen Helferlein" „unaufhörlich Gutes tut". 400 qm Wellness „überzeugen": „Erholen und relaxen" ist angesagt. 29 Zimmer und Suiten bietet „das alt-moderne Haus". Terrasse oder Balkon „zum Füßehochlegen" haben fast alle. Interieur: „behaglich eingerichtet" mit „super Sofa", mal „gemütlich" mit Stoff oder in Ledergarnitur. „Gearbeitet wird woanders!" Dennoch W-LAN vorhanden.

Im Hotel: *Die* **Olive** *ist Dirk Lässigs Steckenpferd mit Kreativem auf den Tellern.* **Außerhalb:** *in die Strandbar* **Wonnemeyer** *und die Seele baumeln lassen.*

HOTELS

WINDROSE ★★★★/Zeitlos

Sylt-Wenningstedt, Strandstr. 19, (0 46 51) 94 00
Fax (0 46 51) 94 08 77
Tagesaktuelle Preise: *marcellinos.de/hotelbuchung*
Karten: *A D M V E*

GÄSTE-URTEIL | Wohnen **4** | Arbeiten **6** | Service **7** | Atmosphäre **5**

Zwischen Business und Urlaub. Wählbar unter den 91 Zimmern sind 3 Tagungsräume. „Moderne Konferenzsäle" mit „allem ausgestattet, was benötigt wird": Leinwand, TV, Pinnwände. Da haben bis zu 40 Personen Platz, Bankette bis 120 Menschen „Spielraum". Junge Familien mieten das „hauseigene Fahrrad" oder „entspannen neben den Hoch-Zeiten" in der Sauna oder im Mini-Schwimmbad. Der Stab hat „zugelegt". Die Studios oder Zimmer sind „hell", auch „geräumig" und verfügen über W-LAN und Safe.
Im Hotel: *In den* **Admirals Stuben** *genießt man Bodenständiges, die* **Hotelbar Seagull** *steht für gemütliche Bierrunden.* ***Außerhalb:*** *Ab ins* **Fitschen am Dorfteich**.

JÖRG MÜLLER ★★★★S/Luxus

Sylt-Westerland, Süderstr. 8, (0 46 51) 2 77 88
Fax (0 46 51) 20 14 71
Tagesaktuelle Preise: *marcellinos.de/hotelbuchung*
Karten: *A D M V E*

GÄSTE-URTEIL | Wohnen **8** | Arbeiten **4** | Service **8** | Atmosphäre **8**

Vor dem Essen ist nach dem Essen. „Wege klein halten", so die Devise. Viele Gourmetfreunde machen „gleich beim Liebling" Station. In 22 Zimmern, einige mit „Gartenterrasse mit grünweißer Bestuhlung", ist's „urgemütlich". Man ist zwar „nicht zum Fernsehen hier", aber: „TV könnte größer sein". Gewünscht wird auch „ein Mini-Fitness-Raum", „der fehlt" neben der Dampfsauna. Service „familiär" und „exquisit". Bei W-LAN unterm Reet ist „Business nur bedingt möglich": Tische „zu klein".
Im Hotel: *Die Abwechslung ist garantiert. Ob klassischfranzösische Küche im* **Gourmet-Restaurant**, *in die* **Bar** *auf einen Drink oder gemütlich sitzen im* **Pesel**.

MIRAMAR ★★★★★/Luxus

Sylt-Westerland, Friedrichstr. 43, (0 46 51) 85 50
Fax (0 46 51) 85 52 22
Tagesaktuelle Preise: *marcellinos.de/hotelbuchung*
Karten: *A M V E*

GÄSTE-URTEIL | Wohnen **9** | Arbeiten **6** | Service **9** | Atmosphäre **9**

Der Fels an der Promenade. Das „altehrwürdige Jugendstil-Haus" beherbergt „viele Großeltern" und „einen guten Schwung junger Familien". „Tolle Mischung." In 67 Zimmern (davon 18 Suiten) ist man „gut aufgehoben". Einrichtung: „gemütlich", „Mini-Arbeitslampe". „Kleiner Erholraum" mit „überschaubarem Poolbereich": „die Kids immer im Blick". Sauna und Dampfgrotte: „Relaxen pur". Der „Family-Service" ist „herzlich" und sorgt „fleißig für alles". Tagungsräume „ideal" mit 55-110 qm.
Im Hotel: *im* **Miramar** *regionale Köstlichkeiten mit überregionalem Flair genießen, anschließend in die* **Bar** *für einen Absacker.* ***Außerhalb:*** *ins* **Il Ristorante**.

HOTELS

STADT HAMBURG ★★★★/Luxus

Sylt-Westerland, Strandstr. 2, (0 46 51) 85 80
Fax (0 46 51) 85 82 20
Tagesaktuelle Preise: marcellinos.de/hotelbuchung
Karten: A D M V E

GÄSTE-URTEIL Wohnen **9** Arbeiten **6** Service **9** Atmosphäre **9**

Die erste Klasse. Schon bei der „angenehmen Begrüßung" fällt's auf: „diskrete, kompetente und unaufdringliche" Helferlein. Dies stellen Geschäftsreisende und mittelalte Paare „immer wieder gerne" fest. Die Zimmer von 37-45 qm sind „exquisit eingerichtet": Sofa, Sessel und Betten mit „feinstem Streifentuche" überzogen. Die Suiten (55-95 qm) bieten „genehme Rückzugsmöglichkeiten". 500 qm Spa-Bereich und „großer Pool": „toll für Kids". Tagungen bis 100 Personen: „gut organisiert".
Im Hotel: Gleichnamiges ***Restaurant*** und ***Bistro*** stehen für Qualität. **Außerhalb:** Abwechslung bei ***Franz Ganser***, gemütlich mit Sonnenuntergang ***Sunset-Beach***.

HÜTTMANN, ROMANTIK HOTEL ★★★★/Charmant

Amrum-Norddorf, Ual Saarepswai 2-6, (0 46 82) 92 20
Fax (0 46 82) 92 21 13
Tagesaktuelle Preise: marcellinos.de/hotelbuchung
Karten: E

GÄSTE-URTEIL Wohnen **8** Arbeiten **5** Service **9** Atmosphäre **8**

1, 2, 3 – „ganz viele"! Hier hat die gesamte Familie Platz. In die Suite mit 54 qm passt Alt und Jung. „Toll eingerichtete Zimmer", auch „für Allergiker zu empfehlen". „Frisch Verliebte" im Romantik-Zimmer (35 qm) „lieben das Himmelbett". Im Wellness-Bereich gilt: „Entspannung von der ersten Sekunde" mit Dampfsauna, Solarium und „vielseitigen Anwendungen". Tagungen „kein Problem". Vielseitiger „Familien-Service" ist „gut drauf" und „wahrt Distanz". „Perfekt für die Erholung."
Im Hotel: *Von Kaffee und Kuchen im Café-Bistro* ***Das kleine Hüttmann*** *geht es in den Abendstunden ins Restaurant* ***Zum Alten Heinrich*** *mit neuer deutscher Küche.*

SEEBLICK ★★★/Ferienhotel

Amrum-Norddorf, Strunwai 13, (0 46 82) 92 10
Fax (0 46 82) 25 74
Tagesaktuelle Preise: marcellinos.de/hotelbuchung
Karten: M V E

GÄSTE-URTEIL Wohnen **8** Arbeiten **5** Service **7** Atmosphäre **7**

„Weit ab vom Trubel." Hier ist „alles sehr persönlich", auch die Crew um Familie Hesse. Aber „nie aufdringlich", eben „wie's sein muss". Jung und Alt: Generationen kommen zum „Perfekt-Urlaub". Hotelgäste surfen kostenlos im W-LAN und „drucken Arbeitsdokumente aus". Doppelt besetzt sind im Wellness-Bereich Sauna und Schwimmbad. Bei 980 qm „Entspannungsfläche" ist „Platz für alle". In den Zimmern und Apartments „viel Holz" und „dunkle Bodenfliesen" sowie „Tiffany-Couchtisch-Lampen".
Im Hotel: *gut versorgt im Restaurant* ***Seeblick*** *und in der* ***Bar op de Bön****.* **Außerhalb:** *der* ***Alte Heinrich*** *mit gehobener Regioküche, Friesisches im* ***Likedeeler****.*

NIE WIEDER **1 2** GEHT SO **3 4** GUT **5 6** STARK **7 8** GENIAL **9 10**

HOTELS

KAPITÄN TADSEN, INSELHOTEL ★★★/Familiär

Amrum-Steenodde, Stianoodswai 17, (0 46 82) 9 42 40
Fax (0 46 82) 94 24 24
Tagesaktuelle Preise: marcellinos.de/hotelbuchung
Karten: E

GÄSTE-URTEIL Wohnen **7** Arbeiten **2** Service **7** Atmosphäre **7**

Rund ums Feng-Shui. Zimmer und Mobiliar sind an den „Grundsätzen dieser Lehre ausgerichtet": „alles im Einklang". Weiße Sofas und die Rattanstühle machen sich gut „im gediegenen Licht". „Schöne Stoffe mit gestreiften Erdfarben" bringen „Ruhe für gestresste Seelen". „Hier denkt niemand über Geschäftliches nach." Schwimmbad, Bio-Sauna und Fitness-Bereich bieten eine „gelungene Kombination" von „Relaxen und Aktiv-Urlaub". Das Team „offen", „kommunikativ", „überaus hilfsbereit".
Im Hotel: *Restaurant* ***Weltenbummler*** *im Friesen-Look mit toller Terrasse hat viel Meeresgetier auf der Karte.* ***Außerhalb:*** *auf Störtebekers Spuren im* ***Likedeeler***.

WEIßE DÜNE ★★★/Charmant

Amrum-Wittdün, Achtern Strand 6, (0 46 82) 94 00 00
Fax (0 46 82) 94 00 94
Tagesaktuelle Preise: marcellinos.de/hotelbuchung
Karten: M E

GÄSTE-URTEIL Wohnen **6** Arbeiten **2** Service **7** Atmosphäre **5**

Backstein und Fachwerk. Darunter „gleich die Tiefgarage". Ein „perfekter Start" „ohne lästiges Parkplatzsuchen". Finden alle, die „mit Kind und Kegel" kommen, „fröhliche Begrüsive" inklusive. Die Zimmer mit „freigelegten Deckenbalken" und „Omas Design-Garnitur" haben „verschiedene Technik": mal mit Video und TV, dann mit DVD. „Ausleihen der Filme kostenlos." W-LAN ebenfalls „gratis, wie's sein muss". Im kleinen Pool (28 Grad) „kleine Bahnen ziehen", später im Solarium „ausruhen".
Im Hotel: *Das gleichnamige* ***Restaurant*** *bietet lokale Spezialitäten in bodenständigem Ambiente.* ***Außerhalb:*** *Gut und günstig speist man im* ***Ual Öömrang Wiartshüs***.

VILLA WITT ★★★★/Luxus

Föhr-Nieblum, Alkersumstieg 4, (0 46 81) 5 87 70
Fax (0 46 81) 58 77 58
Tagesaktuelle Preise: marcellinos.de/hotelbuchung
Karten: E

GÄSTE-URTEIL Wohnen **9** Arbeiten **3** Service **7** Atmosphäre **8**

Der kleine Feine. „Persönlich" wird hier großgeschrieben. Der „1-a-Service" liest „fast alle Wünsche" von den Augen ab. Die 7 Zimmer und Suiten bieten von 28 qm bis zu 48 qm „genügend Entfaltungsmöglichkeit" mit TV und „gestreiftem Tuche" auf dem „edlen Sitzmobiliar". Alle „anders gestaltet". Mal mit „roter Ledercouch", dann in Schwarz. W-LAN, aber „geschäftliche Aufgaben nur bedingt zu schaffen": nicht alle Zimmer mit Schreibtisch ausgestattet. Zum Erholen „ab in die Sauna".
Im Hotel: *Im Bistrorant* ***Kleiner Witt*** *gibt's Klassisches und International-Mediterranes und eine gute* ***Vinothek***, *tolle Kreationen im Restaurant* ***Witt's Gasthof***.

SYLT-SERVICE

DB BAHN

Dienstag, Mittwoch, Donnerstag:
Sylt und zurück für **nur 71 Euro***!

Mit dem DiMiDo-Angebot reisen Sie günstig dienstags, mittwochs und donnerstags nach Sylt und zurück. Insassen und Gepäckbeförderung ist inbegriffen sowie die kostenlose Fahrradmitnahme bei der Beförderung auf einem Dach- oder Heckträger. Übrigens: Sie können die DiMiDo-Fahrkarte auch für einen Tagesausflug nutzen.

Weitere Infos und Buchung unter www.bahn.de/syltshuttle oder unter 0180 5 934567 (14 ct/Min. aus dem Festnetz via Vodafone. Tarif bei Mobilfunk max. 42 ct/Min.).

Die Bahn macht mobil.

*Gilt für alle Kraftfahrzeuge bis 6 Meter Länge, 2,70 Meter Höhe und einem zulässigen Gesamtgewicht von 3 Tonnen. Bitte beachten Sie die Ausschlusstage im Jahr bei Ihrer Reiseplanung.

Sylt Shuttle

WICHTIGE ADRESSEN UND INFOS

Vorwahl Sylt: 0 46 51

Ärztlicher Notdienst

Notdienst und Rettungsarzt, Tel. 112
Krankentransporte, Tel. (0 48 41) 20 02
Krankentransporte Leitstelle Nord, Tel. (0 48 41) 1 92 22
Kassenärztlicher Notdienst, Tel. (0180) 5 11 92 92

An- und Abreise

Busverkehr Linienbusse und Inselrundfahrten ab dem Zentralen Omnibusbahnhof (ZOB) am Westerländer Hauptbahnhof.
Sylter Verkehrsgesellschaft, Tel. 83 61 00
Taxi-Ruf, Tel: 55 55 und 50 50
Deutsche Bahn AG DB Autozug, Tel. (01 80) 5 24 12 24, DB Autozug Sylt Shuttle, Tel. (01 80) 5 93 45 67

Flughafen Auskunft (Linienflüge, Buchungen), Tel. 92 06 12
Sylt Air GmbH (Charterflüge), Tel. 78 77 und 9 20 60
SFG Sylter Flughafen GmbH & Co., Tel. 9 20 60
Rømø-Sylt-Verbindung Auto- und Personenfähre, Tel. 87 04 75 oder 87 10 65
Service-Hotline, Tel. (01 80) 3 10 30 30

Apotheken

Notdienst, Tel. 72 10

Autoverleih

Esso-Station, Trift 7, Tel. 2 37 40
Sylt Mietwagen, Friedrichstr. 37-39, Tel. 889 26 60
Europcar, Bahnhof, Tel. 71 78
Rosier Sylt Mietwagen, Mittelweg 3, Tel. 33 91 20
FunCar-Sylt, Berthin-Bleeg-Str. 19a, Tel. 4 54 90

Fahrradverleih

Hörnum	Claßen, Budersandstr. 27, Tel 88 03 54 (Sommer)
	Leksus, Rantumer Str. 2, Tel. 83 50 00
Gemeinde Sylt-OT Keitum	Der Fahrradladen, Gurtstig 24, Tel. 3 28 79
	M&M, Weidemannweg 1, Tel. 3 57 77
List	M&M, Listlandstr. 23, Tel. 3 57 77
	Tieves, Listlandstr. 15, Tel. 87 02 26
Gemeinde Sylt-OT Tinnum	Drechsler, Zur Eiche 16, Tel. 3 52 58
	Krtschek, Ingewai 3, Tel. 3 02 50
	Krtschek, Südhörn 17, Tel. 3 26 26
	Leksus, Strandstr. 8, Tel. 83 50 00
	M&M, Dirkstr. 76a, Tel. 3 57 77
Wenningstedt	Eddie's Fahrradverleih, Dünenstr. 11, Tel. 4 10 67
	M&M, Osterweg 4, Tel. 4 59 06
	Leksus, Westerstr. 20, Hauptstr. 8, Tel. 83 50 00
Gemeinde Sylt-OT Westerland	Autohaus Petersen, Norderstr. 55, Tel. 2 29 58
	Esso-Tankstelle, Trift 7, Tel. 2 37 40
	Sylter Pedale, Kirchweg 15, Tel. (0170) 15 05 659
	M & M, Norderstr. 106, Tel. 3 57 77
	Schmidt, Industrieweg 2, Tel. 67 09
	Velo Quick, von Haus zu Haus, Tel. 2 15 06
	Lydia's, Culemeyerstr. 11, Tel. 29 94 94
	Leksus, Lorens-de-Hahn-Str. 23, Bismarckstr. 9, Norderstr. 42, Tel. 83 50 00

Kurverwaltungen

Gemeinde Sylt	Andreas-Nielsen-Str. 1, Tel. 85 10, www.gemeinde-sylt.de
Allgemeine Infos (Sylt Marketing)	Tel. 1 94 33
Gemeinde Sylt-OT Archsum	Tel. 83 58 578
Hörnum	Tel. 9 62 60
Kampen	Tel. 4 69 80
List	Tel. 9 52 00
Gemeinde Sylt-OT Rantum	Tel. 80 70
Gemeinde Sylt-OT Wenningstedt/Braderup	Tel. 44 70
Gemeinde Sylt-OT Westerland	Tel. 99 80

Sylt im Netz

Allgemeine Infos (Gemeinde Sylt)	*www.sylt.de*
Gemeinde Sylt-OT Archsum	*www.sylt-ost.de*
Hörnum	*www.hoernum.de*
Kampen	*www.kampen.de*
Gemeinde Sylt-OT Keitum	*www.sylt-ost.de*
List	*www.list.de*
Gemeinde Sylt-OT Morsum	*www.sylt-ost.de*
Gemeinde Sylt-OT Munkmarsch	*www.sylt-ost.de*
Gemeinde Sylt-OT Rantum	*www.rantum.de*

Gemeinde Sylt-OT Tinnum	*www.sylt-ost.de*
Wenningstedt/Braderup	*www.wenningstedt.de*
Gemeinde Sylt-OT Westerland	*www.westerland.de*

Zimmervermittlung

Gemeinde Sylt-OT Westerland, Tel. 99 80
Wenningstedt, Tel. 9 89 00

SYLTER HIGHLIGHTS

Biike   Februar

Das Biike-Brennen ist Nordfrieslands wichtigstes Ereignis. Wollte man früher mit lodernden Feuern die Götter gnädig stimmen und den ausfahrenden Walfängern Glück wünschen, wird heute vor allem aus touristischen Gründen an dem Brauchtum festgehalten. Und wenn die Holzstapel an den Stränden eines jeden Dorfes prasseln und lodern, wird es einem ganz warm ums Herz. Wird traditionell am 21. Februar (dem Vorabend des Petritags) gefeiert.

SYLTER HIGHLIGHTS

Sylter Langstreckenlauf — März

Die Strecke vom Sylter Südzipfel bis zum nördlichsten Insel-Ende hat leider nicht ganz Marathon-Länge. Aber trotz den fehlenden 9 Kilometer macht der Lauf mit exakt 33,333 Kilometern ordentlich Eindruck.

Meerkabarett — Juni bis September

Sommerfestival in der Sylt-Quelle (Gemeinde Sylt-OT Rantum, Hafenstr. 1). In diesem Jahr u.a. mit Götz Alsmann, Vince Ebert, Jörg Knörr, Gayle Tufts, Marlene Jaschke, Alfons, Frau Jahnke, Malediva, Geschwister Pfister, aprilfrisch, Herr Holm, Florian Schroeder, Bernd Stelter, Ingo Appelt, Markus Maria Profitlich sowie Joja Wendt. Tel. & Infos: 47 11, www.meerkabarett.de

German Polo Masters — Juni

Termin 2011: Pfingsten, 11. + 12. Juni.
Infos unter www.polosylt.de.

Insel Circus — Juli bis August

Das Ferienerlebnis für alle Kinder, die Spaß an der Zirkusluft haben! Am Standort in Wenningstedt können die Kleinen sich während eines Workshops als Clown, Artist oder Jongleur versuchen. Ein Auftritt zum Abschluss gehört natürlich dazu. Eine Fachjury wählt dann aus 20 Nachwuchsartisten die besten aus. Infos unter: www.inselcircus.de.

Colgate World Cup Windsurfing — September/Oktober

Termin 2011: Freitag, 23. September, bis Montag, 3. Oktober. Die Weltelite der Profi-Windsurfer trifft sich traditionell am Brandenburger Strand. Wer an Land bleibt, besucht die zahlreichen Partys im großen Zelt auf der Promenade und Events wie den „after surf club" mit namhaften DJs. Mehr Infos unter www.worldcupsylt.de.

SPORT

Angeln
Frisch vom Wattenmeer auf den Tisch. Makrelenfahrten ins offene Meer und an die Westküste. Die Gemeindeverwaltungen informieren über Angelscheine und Möglichkeiten.
List, Tel. 9 87 00

GOLF

Marine-Golf-Club Sylt
Gemeinde Sylt-OT Westerland/Tinnum, Flugplatz, 92 75 75
Wer platzreif ist, darf zuschlagen. Auf dem Flughafen-Gelände, das zur Marine gehört, wurden Bunker und Wasserhindernisse in den 9-Loch-Platz integriert.

Golfclub Morsum
Gemeinde Sylt-OT Morsum, Zum Wäldchen, Tel. 89 03 87
Der Mitgliederclub nimmt nur eine begrenzte Anzahl Gäste an. Dafür bietet der 9-Loch-Platz so einige landschaftliche Highlights.

Golf-Club Sylt
Wenningstedt/Kampen, Tel. 9 95 98 10
Gehört zu den attraktivsten Anlagen der Küstenregion. Mit dem Leuchtturm im Hintergrund und dem Wattenmeer vor Augen gilt es, 18 Löcher zu bespielen. Regelmäßig finden Wettbewerbe statt.

Minigolf
Minigolf List, Süderhörntal, Tel. 8 36 28 21
Minigolf Wenningstedt, Mittelweg/Strandstr., Tel. 44 70
Gemeinde Sylt-OT Rantum, Hafenstr. 12, Tel. 2 25 84
Für den Nachwuchsgolfer, der mit seinen Eltern zunächst auf der Miniatur-Anlage sein Talent erproben will.

WANDERN
Über Wattwanderungen informiert in der Regel die Gemeinde Sylt (Tel. 85 10, www.gemeinde-sylt.de). Wer darüber hinaus fachkundige Informationen zum Naturschutzgebiet Wattenmeer und zu gezielten Wattwanderungen geboten bekommen möchte, wendet sich an das Naturkundliche Zentrum in Süden der Insel.
Hörnum, Rantumer Str. 27, Tel. 88 10 93

Erlebniszentrum
Naturgewalten, List, Hafenstr. 37, Tel. 83 61 90

REITEN

Bodil's Ponyfarm
Braderup, Terpwai 20, Tel. 4 24 44

Reiterhof Lobach
Morsum, Terpstich, Tel. 89 02 39

Reitschule Grünhof
Keitum, Süderstr. 80, Jan Andersen, Tel. 3 12 08

Reitschule Wiesengrund
Tinnum, Boy-Ebert-Weg, Tel. 3 16 00

KINDER UND MEHR

SAUNA

Naturnah saunt es sich direkt am Strand, aufgeheizt springt man anschließend ins Meer. Die schönsten Strandsaunen findet man an FKK-Stränden.

Wellness- und Therapiezentrum
List, Hafenstr. 17, Tel. 87 74 00

SCHWIMMEN

Sylter Welle
Meerwasser, Wellenanlage, Kinderbereich mit Wasserrutsche und Wikingerschiff. Zum Ausspannen gibt es einen Saunabereich, dazu Fitness und eine großzügige Außenanlage.
Westerland, Strandstr. 33, Tel. 99 82 43

TENNIS

Tennisclub Westerland
Zentralster Tennisplatz, daher unbedingt reservieren. Zur Verfügung stehen Hallenplätze und eine windgeschützte Außenanlage.
Westerland, Am Seedeich 38, Tel. 67 29

WASSERSPORT

Camp one
Geübt wird in der geschützten Blidselbucht. Wer es kann, darf in der Westbrandung die Windstärken testen. Sehr beliebt sind Kurse im Wellenreiten, Kite-Surfen, Boogie-Boarden und Wave-Ski.
Wenningstedt, Am Trampolinplatz, Tel. 4 33 75

Surfschule Westerland
Surfunterricht für Anfänger, mittelmäßig Geübte und Fortgeschrittene. Ausrüstung wird gestellt. Kinder müssen mindestens 30 Kilogramm auf die Waage bringen.
Westerland, Brandenburger Str. 15, Tel. 2 71 72

Sylt sportiv
Theorie und Praxis von Ex-Weltmeister Calle Schmidt, der hier die erste Surfschule Deutschlands gründete. Auch Jollen- und Cat-Segeln.
Munkmarsch, Am Hafen, Tel. 93 50 77

KINDER UND MEHR

BABYSITTER
Vermittlung über die Kurverwaltungen, den Tourismus-Service Westerland, Tel. 99 80, oder über die Villa Kunterbunt, Tel. 99 82 75.

FREIZEITAGENTUREN
Für Kids gibt es diverse Freizeitagenturen, die Kinderbetreuungen organisieren, wenn die Großen mal unter sich bleiben wollen. Meist ab 3 Jahren.

Confetti
Gemeinde Sylt-OT Westerland, Schützenplatz, Tel. 85 04 44
Confetti Event
Wenningstedt, Ostmarktstr. 1, Tel. 4 42 25
Villa Kunterbunt
Gemeinde Sylt-OT Westerland, Obere Promenade, Tel. 99 80

GOLFSCHULE
Golfschule Munkmarsch, Tel. 93 50 77
Sylter Golf Academy, Wenningstedt, Tel. 9 95 98 31
Golfakademie Strandberg, Westerland, Tel. 44 91 27

KUTSCHFAHRTEN
Touren per Kutsche und Planwagen sind nicht nur für Pferdefans ein Erlebnis. Peter Störtenbecker kutschiert die Kleinen durch die östlichen Orte.
Peter Störtenbecker, Tel. 13 86

Gästekarteninhaber können das kostenlose „Kurtaxi" nach Keitum nutzen. Stündlich geht es werktags am Parkplatz beim Ortseingang los.
Sylt Tourismus Keitum, Tel. 3 37 33
Wenningstedt-Braderup, Osetal 5, Tel. 44 70

MINI-MOTOCROSS

Heiße Flitzer, die bis zu 30 Stundenkilometer schaffen. Das ist Geschwindigkeitsrausch pur, ab sechs Jahren darf man ins Fahrzeug. Die stehen von Juni bis September auf dem Sportplatz hinter der Norddörfer Halle. Festes Schuhwerk und lange Hose mitbringen!
Wennigstedt, Sportplatz neben der Norddörfer Halle, Tel. 05254 / 69 900

KULTUR UND MEHR

CASINO
Westerland, Andreas-Nielsen-Str. 1, Tel. 23 04 50

INSELRUNDFAHRTEN

Bustouren
Infos und Tickets: Gemeinde Sylt-OT Westerland, Tel. 8 36 10 29, Sonderfahrten 8 36 10 29

Schiffstouren
List, Tel. 87 72 80
Hörnum, Tel. 88 12 97

MUSEEN, GALERIEN, KULTUR

Altfriesisches Haus
Öffnungszeiten: Sommer: Mo-Fr 10-17, Sa+So und feiertags 11-17, Winter: Di-Fr 12-16

Sylter Wohnkultur aus dem 18. Jahrhundert. Hier kann man nachempfinden, wie die alten Friesen nach 1739 gelebt haben.
Gemeinde Sylt-OT Keitum, Am Kliff 13, Tel. 3 11 01

Heimatmuseum
Öffnungszeiten: Sommer: Mo-Fr 10-17, Sa+So und feiertags 11-17, Winter: Mi-Sa 12-16

Ein Überblick über die Inselgeschichte bis Mitte des 19. Jahrhunderts. Zu sehen sind Exponate der Seefahrer und Eroberer. Lohnenswert auch die wechselnden Ausstellungen von Sylter Künstlern. Ein Zimmer ist dem Sylter Freiheitskämpfer Uwe Jens Lornsen gewidmet.
Gemeinde Sylt-OT Keitum, Am Kliff 19, Tel. 3 16 69

Hünengrab
Öffnungszeiten: Sommer: Mo-Fr 10-17, Sa+So und feiertags 11-17, Winter: nach Anmeldung

Zurück in die Wikinger-Zeit! Denghoog ist eines von vielen Hünengräbern auf der Insel. Sogar die alten Grabkammern sind noch einigermaßen erhalten.
Wennigstedt, neben der Friesenkapelle, Tel. (01 70) 69 97 16 87

Kulturquelle
Kunstraum Sylt: Wechselnde Ausstellungen moderner und internationaler Künstler werden in dem gläsernen Rundbau gezeigt, außerdem gibt es Kinovorführungen, Lesungen und Musik.
Gemeinde Sylt-OT Rantum, Hafenstr. 1, Tel. 9 20 33

NATURKUNDE

Ausstellungen und Rundgänge vermitteln interessante Einblicke in die Welt der Tiere und Pflanzen der Insel.

Naturschutzgemeinschaft Sylt
Öffnungszeiten: Mo-Sa 10-12 Uhr, 14.30-18 Uhr
Braderup, M.-T.-Buchholz-Stieg 10a, Tel. 4 44 21

Schutzstation Wattenmeer
Öffnungszeiten: Sommer: 10-12 Uhr, 15-18 Uhr,
Winter: Di-So 10-12 Uhr, 14-16 Uhr
Infozentrum und Wattwanderungen, auch für Kinder:
Hörnum, Rantumer Str. 27, Tel. 88 10 93

Tierpark
Während der Saison täglich von 10 bis 19 Uhr geöffnet. Zu sehen gibt es neben heimischen Tieren wie Adler und Fuchs auch Exoten wie Flamingos.
Gemeinde Sylt-OT Tinnum, Tel. 3 26 01

TRINKKUREN

Trinkkuren mit jodhaltigem Meerwasser sind heilsam und wohltuend.

Biomaris
Westerland, Kurpromenade, Tel. 2 44 23

Sylt-Quelle
Gemeinde Sylt-OT Rantum, Hafenstr. 1, Tel. 92 03 11

Brunnenhalle
Hörnum, Strandweg 4, neben der Kurverwaltung

Trinkkurhalle
Gemeinde Sylt-OT Westerland, untere Promenade,
Tel. 2 44 23

ETEN UND SNACKEN

Friesisch ist mitnichten nur ein Dialekt, sondern die gängige Sprache der Region. Auch wenn heute immer weniger Insulaner wirklich friesisch sprechen, gehört es zur Tradition, solche Wörter und Begriffe in den alltäglichen Sprachgebrauch zu übernehmen. Viele Begriffe ähneln dem Hochdeutschen und sind leicht verständlich, andere sind erklärungsbedürftig. Die alten friesischen Sprichwörter zeigen Humor und die Lebensart im hohen Norden.

Boddermelksupp un Klümp: eine kalte Suppe aus Buttermilch mit Buchweizenklößen.

Eiergrog: Rum mit heißem Wasser und schaumig geschlagenem Eigelb plus Zucker.

Eisbrecher: heißer Rotwein mit Rum.

Friesentorte: Blätterteiggebäck mit Pflaumenmus und Sahne.

Groter Heini: geräucherter Speck mit grünen Bohnen und Birnen.

Labskaus: Seemannsgericht aus Kartoffeln, Pökelfleisch und Roter Bete, dazu werden Gewürzgurke, Matjes, Rote Bete und Spiegelei serviert.

Pannfisch: Fischpfanne mit Bratkartoffeln.

Rode Grütt: Grützkompott aus roten Beeren, obendrauf kommt flüssige Sahne, in Abwandlung auch Vanillesauce oder Eis.

Sylter Royal: Austernsorte aus der Blidselbucht bei List.

Tote Tante: heiße Schokolade mit Rum und Sahne.

„Di Kual uur ek lecht sa warem iiten, üs er apdesket uur."

Übersetzung: Der Kohl wird nicht so leicht warm gegessen, wie er aufgefüllt wird.

Sinn: Nichts wird so heiß gegessen, wie es gekocht wird. Also locker bleiben.

„Diar di Dik liigst es, gair di Flör jest aur."

Übersetzung: Wo der Deich am niedrigsten ist, geht die Flut zuerst rüber.

Sinn: Den Schwächsten trifft es zuerst.

WICHTIGE ADRESSEN UND INFOS AUF AMRUM UND FÖHR

Vorwahl Amrum: 0 46 82, Vorwahl Föhr: 0 46 81

SCHIFFSVERBINDUNGEN

Von Juli bis Oktober fahren regelmäßig Schiffe ab Niebüll, Hamburg, Nordstrand nach Föhr, Amrum, Helgoland und/oder zur Hallig Hooge.

Adler-Reederei

Fährt ab Hörnum und List auf die anderen Inseln.
Westerland, Boysenstr. 13, Tel. 9 87 00
Hörnum, Tel. 88 12 97
List, Tel. 87 72 80

Autovermietung

Höpner, Wyk, Boldixumer Str. 20, Tel. 5 87 10

Kurverwaltungen

Nieblum, Postraat 2, Tel. 25 59 (Gästeservice)
Utersum, Klaf 2, Tel. 3 46
Wyk, Hafenstr. 23, Tel. 3 00 (Gästeservice)
Wyk, Am Südstrand 111, Tel. 30 46

KUNST UND KÜNSTLER

Vielfach friesische Werke und Arbeiten von Föhrer Künstlern
Atelier Dax
Midlum, Dörpstraat 53, Tel. 9 46
Atelier Nele
Wyk, Sandwall 10, Tel. 74 89 21

GOLF

Der Föhrer Golfclub ist das ganze Jahr über mit einem Vorgabeausweis des Heimtaclubs für Gäste bespielbar.
Golf-Club Föhr, Nieblum, Grevelingstieg 6, Tel. 58 04 55

MUSEEN

Dr.-Carl-Haeberlin-Friesenmuseum
Friesische Ausstellungen
Wyk, Rebbelstieg 34, Tel. 25 71

Landwirtschaftliches Museum
Wie war das früher in der Landwirtschaft? Mit welchem Gerät die Bauern damals ihr Feld beackert haben, kann man sich hier ansehen.
Oevenum, Buurnstraat 48, Tel. 26 73
Stelly's Hüs

Kleines Museum mit Meeraquaristik
Oldsum, Haus 38, Tel. 3 06

REITEN

Lerchenhof
Wyk, Lerchenweg, Tel. 44 33

Reitstall Christiansen
Alkersum, Tel. 39 67

RUNDFLÜGE

Rundflüge und Flug-Taxi nach Amrum und Sylt mit Sportflieger oder Wasserfahrzeug.
Westküstenflug Lange, Wyk, Flugplatz, Tel. 81 39

WASSERSPORT

Wer einen Sportbootführerschein hat, kann durch die Nordsee düsen.
Sportbootvermietung Lund, Tel. 6 08

SURFEN

Unterricht auch für Kinder und Jugendliche sowie Brettverleih.

Nieblumer Wassersportschule
Nieblum-Strand, Tel. 47 66

Wyk Zone 21
Wyk, Strandstr. 33, Tel. 74 78 12

ZIMMER- UND APARTMENTVERMITTLUNG

www.inseldoerfer.de

IMPRESSUM

Herausgeber	Marcellino M. Hudalla
Verlag & Redaktion	Marcellino's AG Guides & Services Kaistr. 12 Atelierhaus 40221 Düsseldorf Tel. (02 11) 3 00 66 90 Fax (02 11) 30 06 69 30 mail@marcellinos.de www.marcellinos.de
Vertrieb	MAIRDUMONT GmbH & Co. KG Marco-Polo-Zentrum 73760 Ostfildern Tel. (07 11) 4 50 20 Fax (07 11) 4 50 23 40
Redaktionsleitung (V.i.S.d.P.)	Sandra Langen
Lokalredaktion	Holger Beßlich
Redaktionelle Mitarbeit	Kurt Jerate, Charlotte Block, Doreen Missing, Jennifer Gebauer, Sarah Weihsweiler, Nadja Lissok, Maria Kupczyk
Junior-CvD	Jennifer Gebauer
Anzeigen	Marcellino's AG
Titel	buenasoma I estudio creativo, Düsseldorf
Satz	Reemers Publishing Services GmbH, Krefeld
Druck	Passavia, Passau
Redaktionsschluss	1. Februar 2011
ISBN 978-3-940522-21-4	Der erste Marcellino's erschien 1988 in Düsseldorf.

Copyright © 2011 Marcellino's Restaurant Report by Marcellino's AG Guides & Services, Düsseldorf. Marcellino's ist ein eingetragenes Warenzeichen.

Alle Rechte vorbehalten, auch die der auszugsweisen sowie fotomechanischen Vervielfältigung, kommerziellen Adressen-Auswertung, Übersetzung für andere Medien.

Die Zusammenstellung der Daten erfolgte mit größtmöglicher Sorgfalt, wie auch die Prüfung der Bewertungspunkte und der Kommentare, einer rein subjektiven Meinung der Tester. Sollten trotz größtmöglicher Sorgfalt Angaben falsch sein, bedauern wir das und bitten um Mitteilung, können aber keine Haftung übernehmen.

MARCELLINO'S TESTER

A
Abel, Caroline
Abel, Friederike
Abels-Engelke, Silke
Abram, Stipe
Abramowicz, Jacques
Abuzahab, Omar
Ackermann, Markus
Adam, Jürgen
Adler, Jochen
Ahr, Lutz
Ahrens, John
Ahrent, Herbert
Aigner, Isabel
Akgün, Serkan
Albe, Gisbert
Albers, Michaela
Albrecht, Harald
Albrecht, Norma
Alexander, Ilge
Allzeit, Ulrich
Altgaßen, Amelie
Altmann, Christian
Ambord, Simone
Ammann, Roland
André, Christa
Andree, Wolfgang
Angermüller, Daniel
Anhalt, Jeanette
Anido, Jimmie R.
Anselment, Daniel
Aretz, Holger
Arndt, Martina
Arvèrt, Estelle
Asendorf, Andreas
Assef, Mohammed
Asselmeyer, Simone
Assmann, W. u. A.
Aßmus, Gabriele
Auer, Richard
Augustin, Conrad
Aumer, Manuela

B
Babilonski, Kim Robert
Bächer, Wolfgang
Bachert, Helga
Bachhausen, Anne
Bachmann, Doris
Bachmann, Silke
Bächtle, Jörg
Backhaus, Kai
Bader, Michael
Baer-Henney, Dr.
Bahn, Detlef
Baier, Jürgen
Baier, Uwe
Balaster, Gordian
Baldus, Holger
Balk, Helge
Balk, Ludwig Josef , Prof. Dr. Dr.
Ballmann, Katinka
Balzer, Peter, Dr.
Bamberger, Dietlinde
Bannas, Christina
Bannas, David
Bantle, Stefan
Barrenstein, Peter, Dr.
Bartels, Hermann
Bartelt, Susanne
Barthold, Gerd
Bartrina, Marc
Bärwinkel, Julia
Bathke, Beate
Bauer, Beate
Bauer, Ralf R.
Baum, Petra
Baumbach, Patrick
Baumgarten, Eberhard
Bäumges, Tanja
Baur-Callwey, Dominik
Bebensee, Andrea u. Frank
Becher, Dieter
Becher, Karin
Becher, Sonja
Beck, Ursula
Becker, Andreas M.
Becker, Anita
Becker, Hans
Becker, Ingo-A., Dr. h.c.
Becker, Martin
Beckers, Dagmar
Bedbur, Karin
Beer, Susanne
Begemann, Hanns-F.
Behrend, Frank
Behrendt, Gerd
Behrendt, Hans-Martin
Behrendt-Wandrei, Petra
Behrens, Andreas
Behrens, Elvira
Behrens, Melina
Behringer, Alexander
Behrum, Elvira
Beike, Christiane
Bellgart, Christa
Belz, Andrea
Benn, Damaris
Benseler, Waltraud
Bentsch, Wolfgang
Berens-Liek, Hiltrud
Bergander, Roman
Bergemann, Wolfgang
Bergendahl, Janine
Berger, Daniel
Berger, Klaus
Bergk, Florian
Bergmann, Andrea
Bergs, Peter
Bergschmidt, Simone
Bern, Stefan
Bertram, Margot
Berz, Marita
Bewersdorff, Frank
Bey, Dirk
Beyer, Frank u. Annette
Bialy, Claudia
Bielawski, Thomas
Binzer, Britta
Birker, Jürgen u. Marion
Birtel, Franz J., Dr.
Bisch, Jürgen
Blank, Sarah
Bliesener, Dirk
Bliß, Axel

NIE WIEDER ... die 1 steht für den Flop

MARCELLINOS TESTER

127

Block, Anika
Bloss, Frank
Blücher, Andreas
Blume, Carl
Bock, Sabine
Böckling, Andrea
Bodart, Franz
Bode, Cordula
Bode, Heinz
Bödefeld, Christine
Boehlich, Sabine
Boehm, Sarah
Bogdanovic, Vladimir
Böhlitz, Sandra
Bohlmann, Gitte
Böhm, Dietmar
Böhmer, Tony
Bohnau, Markus, Dr.
Böhner, Bianca
Bohrmann, Stephan
Bombach, Julia
Boms, Dieter
Bonczyk, Wilfried
Bootz, Harald
Borchers, Martin, Dr.
Borksen, Sonja
Born, Oliver
Bott, Dirk
Böttcher, Rüdiger
Botterbusch, Vera
Botz, Gerhard
Brancaccio, Lavinia
Brand, Gerhard-Wilhelm
Brandenburg, Martin
Brandes, Cathrin
Brandrup, Jörgen
Brands, Carolyn
Brandt, Christian
Brandt, Inge
Brandt, Sandra
Brauer, Anna
Braun, Susanne
Braunewell, Nicole
Brechmann, Susanne
Bredehorn, Sabine
Brehm, Stefan

Brei, Burkhard
Breitmar, Michael
Brem, Thomas
Brenneis, Roland
Bresser, Wolfgang
Bretin, Pauline
Breuer, Hannah
Breuer, Hans Jürgen
Breuers, Marion
Brinkmann, Malu
Brodkorb, Detlev, Dr.
Broermann, Michael
Bröhan, Marco
Brüchatz, Tobias
Brück, Birgit
Bruckert, Walter
Bruckmann, Claudia
Brückner, Ute
Brüggemann, Andrea
Brugger, Diana
Brunn, Stefan
Brunn, Werner
Bruns, Elke
Bruns, Ralf

Brusch, Christina
Brusermann, Ele (Thomas)
Bub, Horst
Bubel, Sofia
Buchalski, Gisela
Büchel, Andreas-Christian

Buck, Hannelore
Buck, Marc-Daniel
Bühler, Harald
Bühler, Otto-Hans
Bühler, Ralf Chm.
Bühler, Ruth
Bühler, Susy
Bühling, Kai, Dr.
Buisson, Gwenaelle
Burger, Christa
Burghart, Constanze
Burgold, Stefanie
Burmakowski, Frank
Busch, Marion
Büscher, Herbert
Busenbecker, Jens
Büttner, Christian
Buurmann, Gerd

C

Camp, Bruno
Campbell, Daniela

Cantisani, Roberto
Carl, Mark-Oliver, Dr.
Caspari, Manfred, Dr.
Castagna, Ivano
Castellano, Claudia
Celebi, Gülsen

Certinkaya, Berin
Chauvin-Jacoby, Beate
Chetah-König, Ursula
Chiout, Jochen
Classen, Rainer
Clausnitzer, Thomas
Coenen
Coldewey, Jens
Conrad, Gabi
Conzemius, Max
Cornelius, Peter
Coß, Thorsten
Courage, Susanne
Coverly, Stephen
Cramer, Inga
Crull, M.
Czeluschke, Tatjana

D

D'Agostino, Rocco
Dabrowski, Günther
Dahlbor, Knut
Dahlke, Christian
Dahlke, Margret

Dahlmanns, Marcus
Dalton-Stein, Helen
Dangelmaier, Jürgen
Daniel, Malik
Danstedt, Maik
David, Jürgen
David, Matthias

Aufgetischt.

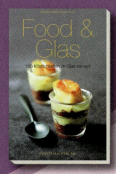

Schicht um Schicht ein kulinarisches Feuerwerk

160 Seiten · ca. 105 Abb.
17,7 x 28,5 cm
€ [A] 18,50 · sFr. 32,90
ISBN 978-3-88472-801-7
€ 17,95

Rezepte für unverzichtbare Klassiker

160 Seiten · ca. 142 Abb.
17,7 x 28,5 cm
€ [A] 18,50 · sFr. 32,90
ISBN 978-3-88472-712-6
€ 17,95

Zwischendrin und obendrauf – Crostini, Bruschetta, Tramezzini, Bagels, ...

192 Seiten · ca. 130 Abb.
19,0 x 28,5 cm
€ [A] 20,60 · sFr. 34,50
ISBN 978-3-88472-975-5
€ 19,95

NEU!

Eintöpfe, Gratins, Soufflés – Köstliches in Mini-Schmortöpfen

192 Seiten · ca. 110 Abb.
17,7 x 28,5 cm
€ [A] 20,60 · sFr. 33,50
ISBN 978-3-88472-888-8
€ 19,95

Willkommen zu Hause

Jetzt online stöbern unter
www.christian-verlag.de
oder gleich bestellen unter
Tel. **0180-532 16 17** (0,14 €/Min.)

www.christian-verlag.de

de Vincenti, Sara
de Wall, Christel
Deckert, Thomas
Demirovic, Jasmin
Dengler, Wolfgang
Dennhardt, Eva-Maria
Denzinger, Steffen
Deuschle, Sieghart
Deußen, Jessica
Dexl, Linda
Deyhle, Lutz
Di Blasi, Paolo
Dick, Katja
Dickebohm, Dirk
Dicks, Hans-Günther
Diegel, Dietmar
Diehl, Martin
Dienst-Bartels, Ilona
Dietrich, Erika
Dietz, Hans-Ulrich
Dietz, Manfred u. Gisela
Dietz, Sven
Dilmanian, Erik
Dittbermer, Anja
Dittmann, Jörg
Dobbrunz, Jürgen
Dobraj, Driton
Dochow, Anke
Dockter-Helfsgott, Elke
Doderer, Peter
Doetsch, Christina
Döhmen, Mechthild
Dolderer, Eberhard
Döring, Petra
Döring, Reinhard, Dr.
Dorn, Bettina
Dorn, Tobias
Dorn, Wolfgang
Dörr, Gernot, Dr.
Dörsam, Doris
Doubek, Josef
Dr. Hauschild, Andrea
Draenkow, Daniel
Dreier, Sven
Dreja, Michael, Dr.
Drengs, Sylvia
Dressler, Sabine
Drexlin, Nicole
Dreyer, Andre
Drichelt, Holger
Duczmal, Bernhard
Dudas, Andrea
Dulce, Santovenia
Dülpers, Volker
Dummel, Hannsjörg, Dr.
Dunkel, Andreas
Dunkel, Kolja
Dunkelberg, Marcel
Durstewitz, Andreas Wigbert
Dusil, Jens
Dynin, Max
Dynin, Svetlana
Dziewanowski, Magdalena, Dr.

E

Ebel, Sascha
Ebeling, Gregor
Ebeling, Welf
Eberle, Jennifer
Eberleh, Maximilian
Eckardt, Albin, Dr.
Eckardt, Jo
Eckel, Daniel
Eckert, Roland, Dr.
Eckhardt, Kirstin
Eckhardt, Marco
Edwards, Celina
Eggensberger, Klaus
Eggensperger, Thomas, Dr.
Eggers, Undine Maria
Ehrhardt, Gaby
Ehrhardt, Helmut
Eichenauer, Sven
Eichener, Volker

Eichhorn, Peter
Eichner, Monika
Eiermann, Dirk
Eikel, Jürgen
Eikel, Wolfgang
Ejabovic, Monika
Ejabovic, Udo
Ellerbrok, Beatrix
Elshoff, Sabine
Elwan, Shady
Emmerich, Heidi
Ender, K.
Enders, Stefan
Engel, Marlies
Engel, Stefan
Engelhardt, Ingrid
Engelmann, Jörg
Engler, Ulrich
Engmann, Sonia Vanessa
Erber, Vicky-Nicoletta
Erdmann, Jörg
Ergin, A. Sabri
Erler, Anke
Ernst, Klaus
Ernst, Michael
Eschenbach, Manfred
Esselmann, Uta
Esser, Hugo

F

Fabianski, Rainer
Fabricius, Eckhard u. Brigitte
Fabry, Bernd, Dr.
Fabry, Hans
Faller, Oliver
Faust, Andreas
Faustmann, Torsten
Fay, Artur
Feder, Antje
Fehr, Thorsten
Fehrenbach, Marcel
Fehrle, Kerstin
Feiler, Silvia
Feld, Michael
Felder, Manfred
Feldker, Christian
Feldstein, Eiken
Felix, Bernd
Feller, Barbara
Felsch, Daniela
Fenkohl, Julian

Ferlan, Jennifer
Feuckert, Wolfgang K.
Feyock, Hannelore
Feyock, Hans, Dr.
Fiedler, Beate
Figel, Reinhard
Figge, Peter
Findikgil, Turgut
Fink, Lothar
Finken, Klaus
Firmkaes, Marianne
Fischer, Alvara
Fischer, Dominic
Fischer, Florian
Fischer, Hermann
Fischer, Ingo
Fischer, Karin
Fischer, Peter
Fischer, Walter
Fitze, Werner
Flaake, Pascal
Flashar, Martin, Dr.
Flashoff, Jan
Flechtmann, Laura
Flemisch, Eva
Flock, Horst
Florina, Florina
Flötgen, Andrea
Flügel, Frank
Fluß, Hans-Ulrich
Fockenberg, Joerg
Foerster, Claudius
Föhl, Martin
Fontanive, Ysabelle
Forsch, van, Rainer
Forsthoff, Werner
Fortenbacher, Nina
Fraikin, Frank
Frank, Andreas, Dr.
Frank, Brigitte
Frank, Jenny
Franke, Harald
Franken, Beate
Frankl, Michael
Freiberger, Elvira
Freimann, Kai
Frenzel, Maximilian
Frenzen, Stefan

Freund, Steffani
Frey, Ilona
Friedauer, Roswitha
Friederichs, Max
Friedrich, Irmtraud
Friedrich, geb. Noll, Dominique
Frings, Dr. Gero
Fritsche, Katarina
Fröhling, Familie
Frohsz, Josef
Frommann, Peter
Fuchs, Hanns
Fuchs, Sabine u. Matthias
Füsgen, Werner

G

Gädeke, Henning
Gallucci, Dagmar
Ganowiak, Sabine
Garms, Oliver
Gaudig, Marlies
Gebauer, Andrea
Gehrig, J.
Gehrke, Tobias
Geick, Michael
Geidel, Hans-Heinrich, Dr.
Geisen, Karl
Geissler, Cornelia
Geißler, Thomas
Geldermann, F. u. Ch.
Gellenbeck, Madelon, Dr.
Gellner, Nikola
Genesius, Wolfgang
Geoppe, Hildegard
Georg, Melanie
George, Kai
George, Rüdiger
Georges, Cornelia
Gerhard, Karl P.
Gerhards, Magdlen
Gerhart, Corina
Gerhold, Rolf
Gerlach, Jan
Gerlach, Thomas
Gerlinger, Anne
Gerloff, Christine
Gernet, Barbara
Gerrits, Frank
Gerstl, Franz
Gerth, Britta

Giesen, Peter
Gietzelt, Viola
Gillé, Sylvia
Gints, Osins
Glaeser, Ingo
Gliss, Michael
Glittenberg, Svend
Glöckner, Katrin
Gödel-Erfen, Stefan
Goebbels, Gisela
Goebels, Adriana
Goetze, Gotthard K.
Goldmann-Böse, Petra
Goletz, Thomas
Gollasch, Esther
Golly, Aline
Göris, Johannes
Gosejacob, Nina
Götte, Julia
Göttlinger, Ralf
Götz, Barbara
Götz, Hans Walter
Götz, Ilse
Götz, Thorben
Götz, Wolfgang
Goutsios, Christos
Grabaum, Alexander
Graef, Jörg

Grobe, Dragana
Groh, Markus
Grosalski, Michael
Gröschke, Sabine u. Joachim
Groß, Matthias
Großblotekamp, Jörn
Grosse, Hanns-Juergen, Dr.
Großholdermann, Rudolf
Großraumbach, Andrea
Groth, Dietrich
Groth, Wolfgang
Gruban, Irene
Gruber, Sandra
Grudziak, Swea
Grueneberg, Arnold u. Margret
Grusemann, Thomas
Grysko, Karin
Grzeschik, Dominik
Guha, Christine
Guhr, Stefan
Günther, Silke, Dr.
Gusek, Joachim
Gustafsson, Thomas
Guzik-Hulsteyn, Jozef

H

Haberhauer, Franz
Häberle, Kristin, Dr.
Hach, Rainer
Hadtstein, Anke
Haelsig, Stefanie
Häfele, Sebastian, Dr.
Haferkamp, Rolf, Dr.
Haferkorn, Petra
Häfner, Elizabeth
Hag, Patric
Hagen, Marion
Haiber, Hanno, Dr.
Halbach, Dieter
Halbach, Michaela
Halinde, Hans

Gebauer, Dietmar
Gebauer, Karin
Gebauer, Laura
Gebert, Alfons
Gebert, Johanna
Gebler, Ralf
Gebur, Michael
Geenen, Ute u. Volker
Geßner, Jürgen, Dr.
Gianfreda, Eleonora
Gielen, Corinna
Gierke, Peter
Giersberg, Stephan
Giesen, Ernst
Giesen, Hanne
Giesen, Karin
Graf von Rex, Caspar
Granfreda, Donato
Granitza, Rüdiger
Greb, Walter
Green, Dave
Grimm, Claudia
Grimm, Uwe
Grimmel, Uwe

Halinde, Karoline
Hallen, Michael
Hamacher-Gockeln, Karin
Hambusch, Lutz, Prof. Dr.
Hameister, Ulrike
Hamm, Christian
Hampe, Henner
Hänert, Karin
Hansbuer, Ulrich
Hansel, Gesine
Hansmeier, Werner
Hanz, Bernd
Hanzel, Cordula
Happe, Ludger
Harengel, Ulrike
Häring, Christian
Harrer, Rabea
Härting, Friedrich, Dr.
Hartmann, Ulrich
Hartnack, Karl
Hartung, Isabel
Hartung, Ralph
Hasen, Marianne
Hasshoff, Nortud
Hattebier, Heinrich
Haug, Tanja, Dr.
Hauser, Renate
Haushofer, Franz
Heck, Klaus
Hecke, Torsten, Dr.
Heckmanns, Charlotte
Hedding, W., Dr.
Hedemann, Elke
Heese, Dirk
Heider, Benno
Heilmann, René
Heimes, Walter
Heinberg, Helga
Heine, Gisela
Heine, Rüdiger
Heine, Tomas

Heinemann-Roggenstroh, Sabine, Dr.
Heinen, Brigitte
Heinisch, Barbara
Heinrichs, Jennifer
Heinrichs, Johanna, Dr.
Heinrichs, Peter
Heinßen, Thomas
Heinzen, Thiemo
Heise, Björn
Heise, Melanie
Heissen, Arnd
Heitz, Jörg, Dr. med.
Held, Dorette
Helf, Klaus
Helinski, Frank u. Maike
Helmberger, Norbert
Hembach, Christoph, Dr.
Hengemühle, Steffi
Henkel, Wolfgang

Henneböhle, Anette
Hennecken, Stefan
Hennig, Arnold
Hennig, Oliver, Dr.
Henning, Thomas
Hensel, Bernd

Hentschel, Andreas
Herceg, Robert
Herlfterkamp, Claudia
Herlyn, Menno
Hermanns, Jutta-Angelika
Hermes, Michael, Dr.
Herr-Krebs, Ulrike
Herrmann, Aleksandra
Herrmann, Gabriele
Herrmann, Sandra
Hess, Holger
Hessler, Markus
Hetebrüg, Annett
Heuckmann, Eva
Heuel, Hans-Joachim
Heuer, Jutta
Heuser, Jürgen, Dr.
Heuss, Jasmin
Heuss, Johanna
Heydenreich, Marion
Heyder, Georg

Hibel, Nadine
Hiegl, Monika
Hiergeist, Alfons
Hiete, Martina
Higler, Brigitte
Hilden, Rene
Hilger, Kathrin
Hilken, Stefan
Hiller, Uwe

Hilterhaus-Haak, Renate
Hingst, Marcus
Hinz, Holger
Hirschberger, Thomas
Hirschfeld, Hubert
Hoechstetter, Peter
Hof, Matthias, Dr.
Hofer, Franz
Hofer, Heiko
Höfer, Rainer
Hoff, Tanja
Höffling, Anja
Hoffmann, Dorothee
Hoffmann, Irina
Hoffmann, Regina
Höffmann, Stan
Hoffmeister, Georg
Hoffmeister, Hagen
Hoffmeister, Petra
Hofmann, Helmut
Hofmann, Johannes, Dr.
Hofmann, Lutz

Hofmann, Stefan u. Maja
Hofstetter, Bernhard, Dr.
Hohmann, Egon
Höhne, Wolfgang
Höhner, Uwe, Dr.

Holland, Felix
Hollas-Fricke, Martin
Holocher, Bernhard
Holthausen, Olaf, Dr.
Holtz, Sophia
Holzapfel, Thomas R.
Holzbaur, Agnes
Holzmann, Christopher
Hom, Chrissa
Hoof, Nannette
Hopf, Erika
Hopfer, Clemens
Hörkens, Günter
Horlitz, R.
Horn, Gisela
Horstmann, Patrick
Hortebusch, Christina
Hother, Marianne
Houben, Stephan
Houben, Wilhelm
Hovermann, Eike
Hoyer, Rudolf, Dr.-Ing.
Hubmann, Hans
Huchschlag, Cordula
Hufenreuter, Marcel
Hugo, Martin
Humann, Michael
Huppers, Ingrid
Huppers, Jürgen
Huppertz, Marco
Hüskes, Ulrich
Husser, Florian
Hußmann, Thomas
Huth, Michaela
Hütter, Wolfgang
Hutzler, Alexander

I

Ickert, Christina
Igelbrink, Ansgar
Illenberger, Gerhard
Inderelst, Franz-Josef
Inderfurth, Marc
Ingenschay, Holger
Irgang, Ute
Irmscher, Michael
Issler, Rainer

J

Jachnik, Klaudia
Jaeger, Gerhard
Jagel, Detlef
Jäger, Alexander
Jäger, Andreas
Jagow, Armin
Jahn, Monika
Jandt, Ellen
Janotta-Mahnken, Stefanie
Jansen, Ingrid
Jansen, Katharina, Dr.
Jansen, Wolfgang
Janßen, Detlef
Jaruschewski, Andreas
Jasek, Dajana
Jatzkowski, Ulrich
Jauß, Andreas
Jeleff, Michael, Dr.
Jensch, Daniel
Jenster, Christian
Jerke, Georg
Jimenez, Manuel
Jimenez, Sabine
Jocim, Oliver
Jockweg, Günter
Joeris, Kerstin
John, Mary-Ann
John, Matthias
Johnen, Petra
Johnson, Susanne
Jonzeck, Barbara
Jordan, Bastian
Joschko, Leane
Josephs, Frank
Jost, Jana
Jung, Patrick
Jungblut, Hans, Dr.
Jungbluth, Erik
Jungbluth, Helga
Jungbluth, Herbert
Jungk, Kalle
Jungtäubl, Daniela
Juskewitz-Bott, Anke

K

Kaapke, Christoph
Kaczorowski, Dennis
Kadenbach, Dorothea u. Uwe
Kähler, Johanna
Kahoun, Björn
Kaiser, Martin M.
Kaiser, Sabine
Kaiser, Steffi
Kaiser, Tabea
Kalb, Hega
Kallert, Jochen
Kampen, Judith
Kampmann, Karlo
Kandemir, Daniela
Kapolzinski, Vera
Käppler, Harald
Käppler, Sabine
Karacic, Ante
Karagiannis, Kostas
Karden, Claudia
Karlshaus, Ingo
Karmedar, Chris, Dr.
Karmineke, Rolf
Karpa, Wolfgang
Kassel, Elfi
Käßler, Sabine
Kauffmann, Hans-Martin
Kaufhold, Helge
Kaufhold, Kristin
Kaufmann, Markus
Kaul, Axel
Kaune, Heiner
Kawecki, Michael, Dr.
Kayenburg, Lydia
Kayhan, Andrea
Kayser, Dieter
Keidel, Stefan
Keienburg, Bettina, Dr.
Keienburg, Ingrid
Keiser-Sachse, Dagmar
Kellermann, Antje
Kelly of Glenmore, Steven William, Laird
Kemmler, Roland
Kempel, Jorg
Kempken, Daniel

MARCELLINOS TESTER

GEHT SO ... mit der 3 am unteren Limit

133

Keppel, Susanne
Kerbeck, Torsten
Kersten, Nicole
Keßler, Rolf
Kettler, Nadine
Keulers, Matt
Keuper, Oliver
Keymling, Katja u. Johannes, Dr.
Kiefer, Alex
Kiesenberg, Monika
Kiesenberg, Wilhelm
Kiesewetter, Dirk, Dr.
Kift, Roy
Kill, Clemens, Dr.
Kilp, Markus
Kinder, Michael
Kindermann, Jan, Dr.
Kindler, Thomas, Dr.
Kinner, Julian
Kinzel, Peter
Kirchhoff, Alexa
Kirchner, Lutz
Kirchner, Rolf
Kirgis, Erika, Dr.
Klaas, Volker
Klamke, Markus
Klaner, Robert
Kleen, Birgit
Klein, Alexander
Klein, Johanna
Klein, Michael
Klein, Renate
Klein, Uwe
Kleineidam, Alexander
Klement, Erwin
Klenk, Heiko
Klindt, Wilma
Klingler, Hanne
Klüh, Helga
Klußmann, Kirsten
Knausel, Katja
Kneisel, Andrea
Knödlseder, Sebastian
Knollmann, Oliver
Knopp, Regina
Knüfken, Christiane
Koch, Dieter
Koch, Jens-Christian
Koch, Joseph

Koch, Lieselotte
Koch, Michael
Koch, Peter
Kochheim, Christoph
Kohl, Jürgen
Kohl, Mirjam
Kohl, Wolfgang
Kohlbecher, Theo, Dr.
Köhler, Hardy
Kohlmann, Roger
Köhn, P.
Köhnen, Norbert
Koitka, Marcus
Kolbe, Jutta
Kolliski, Thomas
Kollmer, Dieter, Dr.
Köllner, Niklas
Kollosch, Hans-Joachim
Komm, Tobias
Komotzki, Kay
Kompisch, Kai Michael, Dr.
Könecke, Andrea
König, Angelika
König, Armin
König, Friedrich-Wilhelm
König, Thorsten
Königs, Gabi
Koper, Bettina
Kopp, Andrea
Kopp, Christian
Korber, Detlef
Körling, Rolf
Korth, Silvia
Korthaus, Christian, Dr.
Körver, Friedrich Wilhem
Koschorreck, Werner
Kosseoglon, Rafaél
Kosseoglon, Wassilios
Kossmann, Andre
Kottmann, Karl-Heinz
Kowalewski, Eckhard-Uwe
Kowalski, Marcel
Kowatzki, Kai
Kraczkowska, Agnes

Kraemer, Thomas
Kraft, Birgit
Krahe, Birgit
Kraiger, Susanne E.
Krainz, Stephan
Kramer, Silke
Krämer, Peter
Kramp, Hans-Jürgen
Krampen-Lietzke, Sabine
Krane, Chris
Kranefoed, Michael
Kraß, Sven
Kraus, Erich
Kraus, Rüdiger
Krause, Carsten
Krauß, Christian
Krawanja, Friedhelm
Krays, Frank
Krebs, Thomas Joachim
Kreidl, Max
Kreischer, Henning
Kremer, Bruno
Kremer, Herbert
Kremer, Max
Krems, Andreas
Kremser, Gottfried
Kretschmer, Horst
Kretzschmar, Tobias
Kretzschmar-Loede, Heike
Kreutzer, Guido
Kreuzer, Claudia
Krey
Krings, Petra
Kröber, Robert F.
Krois, Ilona, Dr.
Krone, Andrea
Krönke, Michael
Krüger, Jörg Dennis
Krüger, Jürgen
Krüger, Kathleen
Kruse, Jens
Krützberg, Ingeborg
Kübel, Nadine
Kübler, Jutta
Kübler, Reiner

Kucher-Freudenthal, Antje
Kück, Ulrich, Dr.
Kuckhoff, Markus
Kuckler, Thomas W.
Kuehn, Klaus W.
Kuhl, Kerstin
Kuhl, Veit
Kuhlen, Dunja
Kuhlmann, Ulrike
Kuhn, Thomas
Kühn, Petra
Kühn, Steffen
Kühr, Sandra
Kulbrock, Sabine
Künstel-Wohlleben, Verena
Kunter, Michelle
Kunze, Ingrid
Kunze, Michael
Kupzig, Marco
Kurrle, Joachim u. Birthe
Küßner, Gabriele
Küster, Holger
Küter, Jennifer
Küthbach, Barbara
Kutscheidt, Brigitte
Kutzer, Maria

L

Laabs, Felix-Hendrik
Labianchi, Chr.
Labisch, Susanne
Lade, Oliver, Dr.
Laenger, Andreas
Lahme, Heinz-Wilhelm
Landahl, Roswitha
Landeck, Petra
Lang, Johann
Lang, Petra
Lange, Jörg
Lange, Jürgen
Lange, Peter
Lange, Stephan u. Heike
Langen, Günter
Langenegger, Barbara

Michael.O / pixelio.de, Bild rechts →

Langenfeld, Stefan
Langer, Johannes, Dr.
Langer, Wolfgang
Langrehr, Sarah u. Torsten
Langwagen, Horst
Lappas, Kerstin
Lardin-Diez, Elena Maria
Lauermann, Sandra
Lay, Evelin
Lechleitner, Christa
Lechner, Andre
Leheta, Jasmin
Lehmann, Cornelia
Lehmann, Martin
Lehmann, Norbert
Lehmke, Edith
Lehmke, Werner
Lehmkuhl, Günther
Leineweber, Andrea
Leiser, Georg
Leisner, Gudrun
Lemmen, Dietmar
Lenger, Claudia
Lennemann, Manfred
Lenz, Jasmin
Lenz, Randolf
Leschke, Cornelia
Leskovec, Martin
Leuschen, Birgit
Leven, Dirk
Leveringhaus, Martin
Lewer, Helga
Leyer, Martina
Lichten, Veronika u. Hans
Lichtmann-egger, Rosi
Lieder, Thorsten
Liedtke, Gabriela, Dr.
Liek, Erhard

Lielich, Manfred
Liersch, Annett
Liertz, Joachim
Lietzke, Edelgard
Lietzmann, Daniel
Lilienthal, Anna Kathrin
Limpach, Lothar
Linda, Aron
Lindau
Lindemann, Christian
Lindner, Kerstin
Linke, Alexandra
Lippelt, Christoph, Dr.
Lipphardt, Michael
Littwitz, Ingeborg
Lo, Susan, Dr.
Lober, Peter
Loebach, Claudia
Loehning, Thomas
Loell, Eckhard

Loffing, Christian, Dr.
Lohbeck, Nicole
Löhrl, Ingo
Lomcken, Helm
Loppe, O.
Lorenbeck, Eva
Lorenz, Dr. Vanessa
Lorenz, Klaus

Lotz, Rainer
Lowak, Sina
Löwenberg, Rainer
Lox, Christian
Lubbe, Klaus-Dieter
Lübke, Karl Otto, Dr. Dr.
Lückel, Gisbert
Ludwig, Jane
Lührsen, H. Detlef, Dr.
Lungwitz, Robin
Lüssem, Laura
Luther, Lars-Uwe
Lüthge, Britta
Lux, Herbert

M

Mäder, Bianca
Mädler, Olaf
Madry, Jutta
Mahler, Petra
Mahlstedt, Maike, Dr.
Maier, Bettina
Maier, Fritz
Maier, Jjill
Maier, Sabiene
Maier, Sandra
Maier, Wulf
Mainusch, Miriam

Maldotti, Marcello
Mamisch, John
Mansion, Dominic
Marchi, Burgfried
Mark, Cook
Marks, Frederic
Markuse, Wigbert

Martens, Renate, Dr.
Marth, Lothar
Martini, Maria
Maruhn, Jürgen
Marwardt, Fam. Michael
Marx, Karlheinz
Marx, Martina
Marx, Matthias
Maschke, Henning
Maschke, Peter, Dr.
Matsuda, Yasunaka
Mattei, Kurt, Dr.
Matthaei, Astrid
Matthes, Richard
Mauerer, Klaus
Mauerhoff, Sonja
Maurer, Heidemarie
Mäurer, Jürgen
Maus, Familie
Mauß, Matthias
Maußer, Stefan
Mayer, Doris
Mayer-Schär, Ute
Mayntz, Steffi
Mazur, Janina

Meer, Friedrich
Meier, Bernd F.
Meier, Hubert
Meier, Manuela
Meier, Michael
Meigen, Bettina
Meisel, Stephanie
Meißner, Sven
Melchior, Ursula

136

Mellis-Meisters, Astrid
Mendrok, Sonja
Menger-Krug, Marie
Menke, Dieter
Menzer, Gunnar
Mertes, Heiko
Messner, Nadja
Meusel, Angi
Meusel, Frank
Meyer, Anne
Meyer, Axel
Meyer, Bernd R.
Meyer, Eduard
Meyer, Heinz Joachim
Meyer, Karin
Meyer, Lilli
Meyer, Oliver
Meyer, Ralf
Meyer, Roland
Meyer, Sandra
Michaelsen, Folker
Michalke, Andreas
Michalski, Sylvia
Middendorf, Peter
Minnerop, Ute-Gisela
Mitschele, Beate
Mittelstaedt, Uwe
Mitzner, Kurt, Dr.
Moeller, S.
Mohr, Ricardo
Mohrdiek, Dirk
Moilliet, Eva
Molewski, Frank
Möller, Lars
Möller, Max
Monschke, Mario
Montagna, Mario
Montesano, Primavera
Moritz, Frank
Moritz, Ute
Morlok, Regine
Mörsch, Ralf
Mörsdorf, Leo
Moses, Babette
Mosmann, Stephan
Mott, Vivienne
Mudek, Andreas
Mudek, Udo

Mühlbauer, Gerhard
Müller, Andreas
Müller, Frank
Müller, Hans-Peter
Müller, Helmut
Müller, Ines
Müller, Inge u. Gerhard
Müller, Jürgen
Müller, Korbinian
Müller, Mechthild
Müller, Peter
Müller, Reimund
Müller, Stefan
Müller, Susanne
Müller, Svea
Müller-Behnke, Erhard
Müller-Bödefeld, Carsten
Müllerkamp, Ilse
Müllerkamp, Klaus
Münich, Stefan u. Anne Stephie
Munz, Heinz
Murach, Lars
Muschiol, Katja
Muth, Claudius
Mux, Stefan

N

Naef, Werner
Nägele, Peter
Natus, Jürgen
Neddermeyer, Karin
Nedic, Wolfgang
Neeser, Alexander
Nehls, Jörg-Dieter
Neimeier, Klaus-Peter
Neubacher, Andrea
Neuhaus, Peter
Neumaier, Brigitte
Neumair, Marion
Neumann, Lutz
Neumann, Uwe
Neumeier, Christine
Niebisch, Christian
Niedergerke, Thomas
Niephaus, Dirk
Nier, Dagmar

Niessen, Pieter
Nitsche, Hardy
Nix, Sabine
Noetzel, Michael
Nohns, Hans
Nohns, Thea
Nold, Sibylle
Nolte, vanessa
Nolting, Ursula
Noureddine, Amina
Novak, Franz-Josef
Nsumbu, Joe-Cliff
Nuber, Claudia
Nunes, Lucilia
Nurminen, Virva
Nuszkowski, Bianka u. Detlev

O

Ober, Heinz
Oberkoxholt, Marco
Oberlist, Antje
Oberschelp, Ursel, Dr.
Oberstebrink, Tim
Odenthal, Juergen
Oellers, Gisela
Oertel, Stephanie
Oerter, Sascha
Oess, Roswitha
Oesterle, Anette
Oetting, Sascha
Ohde, Erik, Dr.
Ohler, Peter
Olaru, Nicoleta
Olbermann, Samuel
Oldigs, Dirk, Dr.
Olejarczyk, Christian
Onur-Lan, Bonkurt
Opitz, Peggy
Oppenberg, Kurt
Orth, Werner
Ortmanns, Christine
Ortmanns, Michael
Osann, Linja
Osinski, Wolfgang
Osnabrügge, Lars
Osswald, Andrea
Ostendorf, Jürgen
Ostermann, Uwe
Ostlender, Dirk

Oswald, Grit
Ott, Horst
Ott, Peter
Otto, Inga
Otto, Kaja
Otto, Karen
Otto, Kathleen
Otto, Raoul
Otto, Uwe

P

Paeth, Roger
Paffhausen, Silke
Pagel, Christiane
Pagliuca, Carola
Palm, Hans-Jürgen
Palm, Ines
Palm, Patrik
Pangsy, Ralph
Pankel, Michael
Panter, Peter
Pantke, Marcello
Panzer, Christian
Pape, Andreas
Pappritz, Doreen
Paris, Yvonne
Pascha, Elisabeth
Paschen-Lintzen, Ulrike
Pastore, Birte
Pastuschka, Michael
Paul, Juliane
Pauly, Sandra
Pavelsek, Anica
Peignois, Nina
Pelka, Katrin, Dr. med.
Peltzer, Uschi
Pelzer, Markus
Penke, Stephan
Peri, Elad
Peschen, André
Peters, Andrea
Peters, Birgit
Peters, Corinna
Peters, Cortina
Peters, Manfred
Peters, Nadine
Peters, Peter
Petersmann, Gerhard
Petmecky, Arnd
Petri, Elke
Petrowsky, Lutz
Pfab, Alexander
Pfeiffer, Achim

MARCELLINOS TESTER

NIE WIEDER ... die 1 steht für den Flop

137

Pfeiffer, Mathias
Picozzi, Marco, Dr.
Piepho, Dagmar
Piepke, Franziska
Pietryga, Dirk
Pisulla, Martin
Platz, Hans G.
Pleines, Dieter
Plenger, Martina
Plenker, Jürgen u. Andrea
Plischke, Andrea
Plück, Maximilian
Pöggel, Sabine
Pohling, Olaf
Pohlmann, Alexandra
Polinski, Erika
Pollak, Ramona
Polz, Klaus
Pomberg, Gerhard
Pomberg, Ute
Pooth, Birgit
Poppe, Isabelle
Portelli, Melissa
Pösges, Helmi
Pospiech, Katharina
Poss, Rene
Post, Herbert
Pötter, Marc
Powell, Justin
Poznanski, Daniel
Preckwitz, Roland
Preißler, Silke
Prestel, Sascha
Preul, Karin
Procopio, Vanessa Maria
Proff, Rüdiger
Protzek, Gabriele
Prüßner, Werner
Pruy, Jürgen
Psenitza, Heike
Püppke, Thomas
Purvinski, Michael
Pütter, Thomas
Pütz, Heinz

Q

Quagliata, Natalie

Querforth, Friedhelm
Quietzsch, Mike

R

Rabanus, Beate
Rachni, Roman
Räde, Claudia
Radenbach, Dieter
Radhoff-Schmitz, Anette
Radtke, André
Radtke, Oliver
Raduns, Siegfried
Rahlff, Monika B. C.
Raithel, Alexander
Rambo, Simon
Ramisch, Astrid
Rathjens, Jutta
Rath-Kerscher, Andrea
Ratzeburg, Rainer
Rau, Marcus
Rau, Silke
Rau, Tobias
Raudschus, Wolfgang
Rauhe, Julia
Rausch, Franz

Regnitter, Birgit
Rehfeld, Rolf
Rehm, Claudia
Rehm, Rolf
Rehmet, Thomas
Rehwald, Uli
Reible, Benedikt
Reible, Volker
Reichel, Renate
Reichelt, Rainer, Dr.
Reichherzer, Christiane
Reichmann, Uta
Reier, Wolfgang, Dr. med.
Reim, Stefan
Reimann, Winfried
Reinartz, Felix
Reinders, Jörg
Reiners, Jan Onno, Dr.
Reinhart, Erika
Reinhart, Peter
Reißland, Margot
Reiter, Thomas Philipp
Reithmayer, Peter
Reitter, Simone
Reitzig, Michael
Remus, Andrea

Richter, Torsten
Richtsfeld, Gudrun
Ridderbecks, Dirk
Rieck, Stefan
Riedel, Nicole
Riedle, Marianne
Riedmann, Klaus
Riedner, Axel
Rimkus, Gunnar
Rinnen, Maria
Rippe, Carola
Risch, Ralf
Ritter, Anjula
Rizzotti, Sebastiano
Roggenstroh, Wolfgang D.F.
Rohn, Hans-Eberhard
Röhring, Karsten
Roll, Eduard
Roll, Martin, Dr.
Roller, Roman
Romberg, Stefan
Roosen, Ulrike
Roschkowsky
Rose, Kai-Joachim

Rausch, Jennifer
Rauschning, Kathrin
Rechtien, Sonja
Recker, Eva
Redder, Daniela
Reeh, Otmar
Reese, Annika
Reetz, Monika
Reetz, Nancy

Remus, Anna
Remus, Frank
Remus, Lisa
Remus, Markus
Rese, Richard
Reuker, Beate
Reuker, Jens
Reuland, Midrich
Rey, Ruediger
Ribet, Carlos

Rosenberg, Frank
Rosendahl, Carsten
Rosenthal, Frank
Rosskamp, Jürgen
Roth, Klaus
Rothacker, Benjamin

Rothengatter, Gesa
Rottenberger, Michael
Rubow, Frank Michael
Rücker, Hans Ulrich
Rudolph, Annette
Rugenstein, Frank
Rühl, Elke
Ruland, David
Runte, Alexander
Ruppert, Dominik
Rusch, Monika
Rusitschka, Lena
Russler, Martina
Rustemeyer, Jürgen
Rüther, Gisela
Rüther, Peter

S

Sachse, Eylin
Sahin, Ugur
Salaske, Roswitha
Salerno, Toni
Salewski, Liane
Salje, Gaby K.
Saller, Andreas
Salzmann, Lisa
Sander, Pia
Sanders, Gundo
Sandoni, Daniel
Sanldmann, Christiane
Santa, Thomas
Satanovskij, Robin
Sauerhammer, Imgard
Sauerteig, Philipp
Savvidis, Konstantinos
Schablowsky, von, Kyra-Marion
Schade, Hanjo
Schaefer, Peter-Michael
Schäfer, Andrea
Schäfer, Eugen
Schäfer, Ingrid
Schäfer, Ralph
Schäfer, Rolf
Schalk, Björn
Schall, Christine
Schambacher, Helmut
Schanko, Florian
Schanko, Julia
Schaper, Marcus
Schaul, Andreas
Schawert, Ute
Scheid, Bernhard
Scheider, Carsten
Scheidt, Ellen
Scheile, Marianne
Scheinert, Thorsten
Scherbring, Daniela
Scherer, Jutta
Scherrer, Bernd
Scheruhn, Sabine
Scherzer, Gerhard
Schew, Helga
Schick, Thorsten
Schierbaum, Friedhelm
Schilb, Ralf
Schilling, Angela
Schilling, Lydia
Schipke, Alexander
Schippers, Norbert
Schirmer, Dirk
Schlabach, Torsten
Schlebusch, Hans-Dieter
Schlecht, Robert
Schlegel, Carsten
Schlitzer, Stephan
Schlosser, Tobias
Schlösser, Thomas
Schlueter, Peter
Schlunken, Rolf
Schlüter, Andreas
Schlüter, Malte
Schmalz, Günther
Schmid, Andi
Schmid, Oliver
Schmidt, Andreas
Schmidt, Anja
Schmidt, Gerhard
Schmidt, Heike
Schmidt, Jürgen
Schmidt, Marcus, Dr.
Schmidt, Matthias
Schmidt, Richard
Schmidt, U. Chr.
Schmidt-Belert, Sigrid
Schmidthals, Katrin
Schmieding, Bernd
Schmieding, Dagmar
Schmitt, Niklas
Schmitz, Gerd H.
Schmitz, Holger
Schmitz, Jens
Schmitz, Lothar, Dr.
Schmitz, Marion
Schmitz, Torsten
Schmitz-Slade, Axel
Schmitz-Wiehenbrauk, Christian
Schnare, Carlo
Schnare, Jannik
Schneider, Andrea
Schneider, Christian u. Birgit
Schneider, Eva-Maria, Dr. med.
Schneider, Henning
Schneider, Melanie
Schneider, Michael, Dr.
Schneider, Rosemarie
Schneider, Stephan
Schneider, Thorsten, Dr.
Schneider-Hirt, Gerhard
Schnell, Marcel
Schnell, Reiner
Schnitzler, Peter
Schnitzler, Rainer
Schnöpf, Sebastian Matthias
Schnügger, Petra
Schnurr, Andrea
Schober, Linda
Schöbitz, Bettina
Schockert, Franz

MARCELLINOS TESTER

GUT ... die 5 signalisiert Zufriedenheit

Schölhorn, Anja
Scholz, Jan
Scholz, Peter, Dr.
Scholze, Wilhelm
Schöne, Markus
Schönefeld, Clara
Schöneich, Gisela
Schöngarth, Melanie
Schönrock, Kerstin Rike
Schonvogel, Merle
Schoor
Schorsch, Jürgen
Schrader, Andres, Dr.
Schräger, Dirk
Schreiber, Alexandra
Schreiber, Roland
Schrepfer, Antje
Schreuer, Frederik
Schrickel, Myriam
Schröder, Anja
Schröder, Christine, Dr.
Schröder, Stefan
Schroeder, Uwe
Schröer, Peter
Schroers, Claudia
Schubert, Beo
Schubert, Dietmar
Schubert, Marco
Schückhaus, Ulrich, Dr.
Schuett, Gabriele, Dr.
Schuetz, Christiane
Schuh, Rainer
Schuler, Iwona
Schulte, Sebastian
Schulte, Ulrich
Schultze, Monika
Schulz, Christian
Schulz, Heinz
Schulz, Peter
Schulze, Günter
Schulze, Jürgen
Schulz-Puschmann, Peter
Schumacher, Petra
Schumacher, Sibylle
Schümchen, Martin
Schüntz, Klaus
Schur, André
Schürmann, Paul, Dr.
Schuster, Jan
Schuster, Werner
Schütt, Gabriele, Dr.
Schütt, Kirstin
Schüttauf, Norman
Schütte, Jörg
Schütte, Viola
Schütz, Katrin
Schwaiger, Andreas
Schwaiger, Jeannette
Schwarz, Alexander
Schwarz, Christina
Schwarz, Christopher
Schwarz, Gabriele
Schwarz, Karsten
Schwarz, Ulrike
Schwarze, Andreas
Schweder, Susanna
Schwedholm, Stephan
Schwedler, Katrin
Schwefel, Detlef, Prof. Dr.
Schwegler, Friederike
Schweizer, Sabine
Schwendy, Margarete
Schwenninger, Manuela
Sciotto, Piero, Prof. Dr.
Sebastian, Vera
Sedlatzek, Stefanie
Seeberger, Nicola
Seemann, Ines
Seibold, Torsten
Seidenader, Klaus
Seidler, Anett
Seifert, Annett
Seipolt, Gregor
Seitz, Alfons
Seitz, Paul
Sellmayr, Bernd
Selonke, Christine
Selonke, Richard
Semer, Jochen
Sender, Jürgen
Sengpiel, Nils
Sertel, G.
Seybold, Joachim, Dr.
Sidorr, Thorsten
Siebel, Gudrun
Siefert, Birte
Siegel, Siegel-Bossert, Gitta u. Horst
Siegert, Michael
Siegmund, Alexandra
Sies, Caroline
Sievers-Reineke, Jutta
Simon, Alexander
Simon, Claudia
Simons, Wolfgang
Singelmann, John
Singer, Tamara
Sistermanns, Marie, Dr.
Slanina, Bruno
Slohwasser, S. u. T.
Slomski, Jan
Smaletz, Marion
Soenner, Michaela
Sökefeld, Susanne
Sökefeld, Wolfgang
Söllner, Peter
Soltwedel, Torsten
Solyom, Richard
Sommer, Udo
Sonyi, Markus
Sorger, Martin
Southard, David
Specker, Christof, Dr.
Speh, Oliver
Spengler, Patricia
Sperl, Sybille u. Oliver
Sperr, Thomas
Spiecker, B. u. U.
Spiesecke, Dirk

Sporbeck, Thomas
Stachura, Nina
Stadelmeier, Ute
Stahl, Kerstin
Stamm, Inge
Stampfel, Edi
Stapel, Gülsah
Stapf, Siegfried
Stark, Anja
Stark, Steffen
Stecher, Andreas, Dr.
Steffen, Holger
Steffen-Marquaß, Hannelore
Steffens, Kai-Alexander
Steffens, Leslie
Stehle, Fabian, Dr.
Stein, Andrea
Stein, Hans
Steinacker, Stefanie
Steinbrecher, Uwe, Dr.
Steinbrink, Ute
Steineck, Alexander, Dr.
Steiner, Markus
Steinfeld, Detlef
Steiniger, Tanja
Steinmann, Rudolf
Steitz, Frank
Stelljes, Dennis
Stephanie, Matich
Stesch, Gitte
Steuck, Bea
Steuck, Siegbert
Steup, Jürgen
Stichter, Wolfgang
Stief, Bernhard
Stief, Clemens
Stindt, Jürgen
Stohrer, Horst
Stoll, Hanna
Stollenwerk, Bettina u. Albert
Stössel, Margret
Stößel, Margret
Stöter, Andreas
Strahlendorf, Peter
Strauß, Oliver
Streng, Hannes
Stricker, Bettina

Stricker, Kerstin
Strohmenger, Harald
Strömer, Sylvia
Strotmann, Klaus Dirk
Strouhal, Eva Maria
Strubbe, Uwe
Struck, Joachim
Strutz, Andreas
Stubbe, Uwe
Stuckenbrock, Sonja
Stumpf, Karl-Heinz
Stumpf, Marianne
Sturm, K.
Sturzenegger, Willy
Suhren, Svenja
Sulser, Christian
Sumner, Steven
Sura, Anne-Katrin
Süss, Axel
Szmula, Volker, Prof. Dr.

T

Tack, Timm
Tagliarina, Anna
Tappeser, Ralf
Tarlsch, Stafan
Taube, Michael
Taylor, Richard
Techel, Andreas, Diakon
Teich, Ulrich, Dr.
Terpsiadis, Thomas
Tesch, Felicitas, Dr.
Tesch, Rita
Thelen, Tony
Therstappen, Peter
Thess, Isabelle
Thewihsen, Iris
Thiel, Heidi
Thiel, Jochen
Thiel, Willi
Thillainathan, Regamy
Thomas, Dagmar
Thon, Jörg
Thöns, Alexandra
Thöns, Matthias
Thulke, Andreas
Thumsch, Stefan
Thureaux, Catherine
Thurner, Eberhard M.
Tiede, Karsten
Tiemann, Stefan

Tillmann, Bettina
Tillmann, Dieter
Tilp, Alexandra
Todaro, Lucia
Tödtmann, Claudia
Tombrink, Ingo
Tony, Tony
Topp, Christian
Träger, Thomas
Trautwein, Uwe
Trelde, Hans-Jens
Treml, Roman
Trobitz, Petra
Troegele, Michael
Trompertz, Marc
Trumpke, Michael
Trüstedt, Sebastian, Dr.
Tschentschel, Tanja
Tschuschke, Roderich

U

Uhl, Harald, Dr.
Uhlhorn, Carsten
Ulbrich, Sebastian
Ulmann, Claudius, Dr. med.
Ulrich, Dagmar
Ulrich, Sven
Umbach, Christina
Umlauf, Karl u. Hannelore
Ungeheuer, Peter
Unger, Bernhard
Unglaub, Wolfgang
Unglert, Ingrid
Urlichs, Aline

V

Valerius, Gudrun, Dr.
van den Berg-Pelzer, Ursula
van der Laan, Laura
van Gelderen, Nina
van Stipriaan, Ulrich
van Treek, Christian
Vandrey, Andreas
Vanvlodorp, Julia
Vath, Hartmut

Veit, Christina
Veith, Christian
Velios, Iordanis
Velleuer, Reiner
Velling, Helga
Velten, Sebastian
Venn, Patrica
Verma, Damian, Dr.
Vermöhlen, Marika
Veuhoff, Wolfgang
Viehweger-Skwara, Jörg
Vieler, Jochen
Vielmetter, Christoph
Vievers, Josef
Voetee, Rosel
Vogel, Irmgard
Vogel, Waltraud
Vogelbacher, Erwin
Vogels, Hanno
Vogelsang, Juergen
Vogler, Marko
Vogt, Hans-Jakob
Vogt, Lars
Vögtle, Ernst
Voigt, Claus u. Marlene
Volcansek, Elena
Volkert, Hermann
Vollerthun, Andreas
von Bassewitz, Petra
von Brederode, Marja
von der Weiden, Ursel
von Grumbkow, Friedrich
von Hoff, Gerd
von Lukowicz, Henrik
von Oheimb, Wilhelm Hammans, Dr.
von Scheidt, Arndt
von Seidlein, Maria
von Stockert, Nicole
von Wallenrodt, Jacqueline
Vornweg, Martina
Voß, Karla Hilde

Voß, Monika
Voss, Sabrina
Vossbrink, Ursula

W

Wachsmuth, Björn
Wachtel
Wacker, Matthias
Wagener, Patrick
Wagner, Elke
Wagner, Ellen
Wagner, Heinz
Wagner, Jan
Wagner, Johann
Wagner, Robert
Wagner, Stephanie
Wagner, Sylvia
Waldfahrer, Frank, Dr.
Waldschmidt, Thomas
Waleczek, Arnd
Waller Keskessa, Frederik
Wallstein, Ingeborg
Walter, Maria
Wanders, Rolf
Wandrei, Birgit
Wändrich-Brosien, Marianne
Wanning, Brigitte
Warning, Susanne
Warnking, Anja
Warnking, Patrick
Washington, Mike
Wastian, Hartmut
Wattky, Juliane
Waurisch, Siegfried
Weber, Bettina, Dr.
Weber, Christopher
Weber, Harald
Weber, Horst, Prof. Dr.
Weber, Monika
Weber, Rolf
Weber, Thorsten
Weber u. Körner
Weber-Hellmann, Christa
Weber-Wilke, Doris
Wegemann, Roland
Wegener, Olaf
Wegner, Regine
Weickert, Nicole
Weidelt, Nicole u. Guido
Weigelt, Sebastian
Weihs, Angela
Weiland, Christiane, Dr.
Weinheimer, Annemarie
Weinheimer, Manfred
Weinzierl, Klaus, Dr.
Weise, Markus
Weiß, Christopher
Weiß, Thorsten
Weißkopf, E. u. R.
Weißmann, Jürgen
Weller, Darryl
Weller, Michael
Welter, Andrea u. Achim
Weltz, Benjamin, Dr.
Welzel, Sören
Wendel, Petra
Wendt, Genja
Wengert, Hans
Wenz, Markus
Werner, Axel B.
Werner, Petra
Werner, Torsten
Wernicke, Claudia
Wesselsky, Waltraud
Westecker, Christoph
Westerhoven, Sascha
Westhoff, Jutta
Westphal, Synke
Weyers, Regina
Wiche, Marlies
Wichtmann, Norbert, Dr.
Wickers, Hans
Wiedefeld, Arno
Wiegand, Martina
Wiegert, Joachim, Dr.
Wiek-Koester, Marita
Wielpütz, Cristiana
Wiem, Volker
Wiemers, Wolfgang
Wiese, Frank
Wiessner, Kornelia
Wilden, Ingrid
Wilkes, Christoph
Willebrand, Ursula
Willmes, Burkhard, Dr.
Willner, Andreas
Wilms, Nicole
Wimmer, Alfred
Wind, Stefanie
Winter, Martin
Winterhager, Angela
Wippler, Rainer
Wirkus, Alexander J. G.
Wisocki, Frauke
Witt, Bernd
Witt, Christine
Witt, Christopher
Witt, Volker
Wittenberg, Birgit
Wittmer, Gunther
Witzack, Peggy
Wodara, Andreas
Woelm, Jessica
Woisnitza, Christian
Wolf, Benita
Wolf, Herbert
Wolf, Herrmann
Wolf, Ingo
Wolf, Marcel
Wolf, Rainer
Wolf, Reinhardt
Wolff, Anette
Wolff, Kerstin
Wollenberg, Andreas
Wolter, Andreas
Wolters, Michael
Wondra, Werner
Worm, Ralf
Wörz, Sabine
Woydowski, Ron
Wrisch, Anja
Wuendrich-Hieber, Isa
Wulff, Hinrich
Wurm, Ernst
Wustmann, Tina

X

Xhonneux, Aime
Xu, Haidi

Y

Yolen, Sarah

Z

Zabel, Gerhard
Zabel, Stefanie
Zahn, Petra, Dr. med.
Zapf, Georg
Zechner, Heike
Zeeb, Frank
Zeitz, Sabine
Zenk, Irene
Zenne, Christina
Zennig, Sandra
Zentler, Hans
Zenz, Brigitte
Zeranski, Kerstin
Zerlett, Zooey
Ziegler, M.
Zielinski, Andreas
Zillich, Petra
Zimmermann, Elmar
Zimmermann, Katja
Zimmermann, Lutz
Zimmermann-Crone, Beate
Zipter, Otto
Zitzmann, Kai
Zobel, Harald
Zoller, Sabrina
Zuleger, Thomas
Züllighoven, Heinz, Dr.
Zwickert, Karl-Heinz

Tester, die anonym bleiben wollen, sind nicht gelistet.
Die Liste wurde mit größtmöglicher Sorgfalt erstellt. Sorry, sollten trotzdem Fehler unterlaufen sein.

LUST AUF ...-INDEX

LUST AUF ...
Ausflugsziel

„Schatz, es wird später." Lust auf ...„Bis 3 dabei/Bis 5 dabei".

Ausflugsziel	Ort	Seite
Sehenswerte Umgebung für ausgedehntes Naturschlendern		
AARNHOOG TEE- & KAFFEE-S.	Sylt-Keitum	51
ALTE BOOTSHALLE	Sylt-List	55
ALTE FRIESENSTUBE	Sylt-Westerland	70
ALTER GASTHOF	Sylt-List	55
AUSTERNMEYER	Sylt-List	56
BADEZEIT	Sylt-Westerland	72
BIIKE	Sylt-Hörnum	40
BLUM'S FISCHBISTRO	Sylt-Westerland	74
BREIZH	Sylt-Hörnum	40
DORFKRUG RANTUM	Sylt-Rantum	61
FÄHRHAUS	Sylt-Munkmarsch	59
FISCH-HÜS	Sylt-Westerland	77
FITSCHEN AM DORFTEICH	Sylt-Wenningstedt	66
GOSCH AM KLIFF	Sylt-Wenningstedt	67
GRANDE PLAGE, LA	Sylt-Kampen	46
JÜRGEN INGWERSEN	Sylt-Morsum	58
KÄPT'N SELMER STUBE	Sylt-Munkmarsch	60
KAMPS CAFÉ	Sylt-Keitum	52
KAP-HORN	Sylt-Hörnum	42
KIEK IN	Sylt-Westerland	80
KUPFERKANNE	Sylt-Kampen	47
LEYSIEFFER	Sylt-Westerland	80
LUND, CAFÉ	Sylt-Hörnum	42
MORSUM KLIFF	Sylt-Morsum	58
NATURGEWALTEN	Sylt-List	57
NES PÜK, LANDHAUS	Sylt-Morsum	59
OASE	Sylt-Westerland	83
ORTH, CAFÉ	Sylt-Westerland	84
OSTERIA, DIE	Sylt-Westerland	84
ROSTIGER ANKER	Sylt-Hörnum	44
SALON 1900	Sylt-Keitum	54
SANSIBAR	Sylt-Rantum	62
SEEBLICK	Sylt-Westerland	87
SEEPFERDCHEN SAMOA	Sylt-Rantum	63
STADT HAMBURG, BISTRO	Sylt-Westerland	87
STURMHAUBE	Sylt-Kampen	49
SYLT-QUELLE	Sylt-Rantum	64
TEESTUBE, DIE KLEINE	Sylt-Keitum	54
VOGELKOJE	Sylt-Kampen	50
VOIGT'S ALTE BACKSTUBE	Sylt-List	57
WIEN, CAFÉ	Sylt-Westerland	91
WONNEMEYER	Sylt-Wenningstedt	70
HEINRICH, ZUM ALTEN	Amrum-Norddorf	93
HÜTTMANN, DAS KLEINE	Amrum-Norddorf	93
LIKEDEELER	Amrum-Nebel	92
SEEBLICK	Amrum-Norddorf	94
UAL ÖÖMRANG WIARTSHÜS	Amrum-Norddorf	94
WEIßE DÜNE	Amrum-Wittdün	96
WELTENBUMMLER	Amrum-Steenodde	95
ALTES LANDHAUS	Föhr-Nieblum	96
AUSTERNFISCHER	Föhr-Wyk	98
GLAUBE, LIEBE, HOFFNUNG	Föhr-Wyk	99
GODE-WIND	Föhr-Wyk	100
IN LUV UN LEE	Föhr-Wyk	100
KOHSTALL, CAFÉ	Föhr-Nieblum	97
LAURAS RESTAURANT	Föhr-Oevenum	97
PFANNKUCHEN-HAUS, DAS	Föhr-Wyk	101

Ausflugsziel (Fortsetzung)

ROCCA, LA	Föhr-Wyk	102
UAL SKINNE	Föhr-Utersum	98

Bar & Nightlife

Hotel-Bar
54° NORD	Sylt-Westerland	70

Klassische Bar
MIRAMAR, COCKTAILBAR	Sylt-Westerland	82

Kneipe
BLAUE MAUS	Amrum-Wittdün	95

Lounge
SCHUBERT'S LOUNGE	Sylt-Kampen	48

Szene-Kneipe
GLAUBE, LIEBE, HOFFNUNG	Föhr-Wyk	99

Beliebt im Viertel

OASE	Sylt-Westerland	83
PABLITO	Sylt-Westerland	85
ROSTIGER ANKER	Sylt-Hörnum	44
SEEPFERDCHEN SAMOA	Sylt-Rantum	63
STURMHAUBE	Sylt-Kampen	49
SYLT-KANTINE	Sylt-Westerland	89
WIEN, CAFÉ	Sylt-Westerland	91
WIIN KÖÖV	Sylt-Kampen	50
IN LUV UN LEE	Föhr-Wyk	100
KLEIN HELGOLAND	Föhr-Wyk	101
KOHSTALL, CAFÉ	Föhr-Nieblum	97

Bio

ALTER GASTHOF	Sylt-List	55
NES PÜK, LANDHAUS	Sylt-Morsum	59
STRÖNHOLT	Sylt-Hörnum	44
SEEBLICK	Amrum-Norddorf	94
UAL ÖÖMRANG WIARTSHÜS	Amrum-Norddorf	94
LAURAS RESTAURANT	Föhr-Oevenum	97
PFANNKUCHEN-HAUS, DAS	Föhr-Wyk	101
UAL SKINNE	Föhr-Utersum	98

Bis 3 dabei

Letzter Stopp vor der Taxi-Heimfahrt.

CAMPO	Sylt-Westerland	74
GOGÄRTCHEN	Sylt-Kampen	45
SANSIBAR	Sylt-Rantum	62
BLAUE MAUS	Amrum-Wittdün	95

Bistro

BLUM'S	Sylt-Westerland	73
BLUM'S FISCHBISTRO	Sylt-Westerland	74
CAMPO	Sylt-Westerland	74
DIAVOLO	Sylt-Westerland	75
FISCH MATTHIESEN	Sylt-Hörnum	40
LEYSIEFFER	Sylt-Westerland	80
STADT HAMBURG, BISTRO	Sylt-Westerland	87
SYLT-KANTINE	Sylt-Westerland	89
UTSPANN	Sylt-Westerland	90
HÜTTMANN, DAS KLEINE	Amrum-Norddorf	93
ERWINS IMBISS	Föhr-Wyk	98

LUST AUF ...
Brunch
Café
Deutsch-bürgerlich
Deutsch-französisch
Deutsch-mediterran

Brunch

Frühstück und Lunch im Paket

ADMIRALS STUBEN	Sylt-Wenningstedt	66
BADEZEIT	Sylt-Westerland	72
DIAVOLO	Sylt-Westerland	75
GOLF-CLUB SYLT	Sylt-Wenningstedt	67
KAI3	Sylt-Hörnum	42
KUPFERKANNE	Sylt-Kampen	47
MARISO	Sylt-Westerland	82
MORSUM KLIFF	Sylt-Morsum	58
OSTERIA, DIE	Sylt-Westerland	84
STRÖNHOLT	Sylt-Hörnum	44
STURMHAUBE	Sylt-Kampen	49
SYLT-KANTINE	Sylt-Westerland	89
VOGELKOJE	Sylt-Kampen	50
HÜTTMANN, DAS KLEINE	Amrum-Norddorf	93
KLEIN HELGOLAND	Föhr-Wyk	101
ROCCA, LA	Föhr-Wyk	102

Café

JÜRGEN INGWERSEN	Sylt-Morsum	58
KAMPS CAFÉ	Sylt-Keitum	52
KUPFERKANNE	Sylt-Kampen	47
ORTH, CAFÉ	Sylt-Westerland	84
TEESTUBE, DIE KLEINE	Sylt-Keitum	54
WIEN, CAFÉ	Sylt-Westerland	91
KLEIN HELGOLAND	Föhr-Wyk	101
KOHSTALL, CAFÉ	Föhr-Nieblum	97

Deutsch-bürgerlich

ALTE FRIESENSTUBE	Sylt-Westerland	70
BIERSTUBE	Sylt-Westerland	73
DORFKRUG RANTUM	Sylt-Rantum	61
EICHE, ZUR	Sylt-Tinnum	65
FISCH-HÜS	Sylt-Westerland	77
FRIESENKATE	Sylt-Westerland	78
GRÜNHOF-STUBEN	Sylt-Keitum	52
LILLE KAMP	Sylt-Westerland	82
LUND, CAFÉ	Sylt-Hörnum	42
MANNE PAHL	Sylt-Kampen	48
NATURGEWALTEN	Sylt-List	57
ROSTIGER ANKER	Sylt-Hörnum	44
STEAK & HAXEN-HÄUSCHEN	Sylt-Westerland	88
VOIGT'S ALTE BACKSTUBE	Sylt-List	57
WEIßE DÜNE	Amrum-Wittdün	96
ALTES LANDHAUS	Föhr-Nieblum	96
AUSTERNFISCHER	Föhr-Wyk	98
GODE-WIND	Föhr-Wyk	100
PFANNKUCHEN-HAUS, DAS	Föhr-Wyk	101

Deutsch-französisch

MER, LA	Sylt-List	56
NES PÜK, LANDHAUS	Sylt-Morsum	59
UAL SKINNE	Föhr-Utersum	98

Deutsch-mediterran

BADEZEIT	Sylt-Westerland	72
COAST	Sylt-Rantum	60
GRANDE PLAGE, LA	Sylt-Kampen	46

Hier geht was! Die Hotspots der Stadt: Lust auf ...„In-Treffs".

Deutsch-mediterran (Fortsetzung)

MEERESBLICK	Sylt-Wenningstedt	68
RICHTER'S RESTAURANT	Sylt-Rantum	62
UAL ÖÖMRANG WIARTSHÜS	Amrum-Norddorf	94
WELTENBUMMLER	Amrum-Steenodde	95

Draußen sitzen

Manchmal nur an drei Tischen

54° NORD	Sylt-Westerland	70
AARNHOOG TEE- & KAFFEE-S.	Sylt-Keitum	51
ADMIRALS STUBEN	Sylt-Wenningstedt	66
ALTE BOOTSHALLE	Sylt-List	55
ALTE FRIESENSTUBE	Sylt-Westerland	70
ALTER GASTHOF	Sylt-List	55
AUSTERNMEYER	Sylt-List	56
BADEZEIT	Sylt-Westerland	72
BENEN-DIKEN-KÖKKEN	Sylt-Keitum	51
BIIKE	Sylt-Hörnum	40
BLUM'S	Sylt-Westerland	73
BLUM'S FISCHBISTRO	Sylt-Westerland	74
BODENDORF'S	Sylt-Tinnum	65
BREIZH	Sylt-Hörnum	40
CAMPO	Sylt-Westerland	74
CASA BIANCA	Sylt-Westerland	74
DIAVOLO	Sylt-Westerland	75
DORFKRUG KAMPEN, RESTAUR.	Sylt-Kampen	45
DORFKRUG RANTUM	Sylt-Rantum	61
EICHE, ZUR	Sylt-Tinnum	65
FÄHRHAUS	Sylt-Munkmarsch	59
FEIKES	Sylt-Westerland	76
FISCH MATTHIESEN	Sylt-Hörnum	40
FISCH-HÜS	Sylt-Westerland	77
FLORIANS ESS.ZIMMER	Sylt-Keitum	51
FRANZ GANSER	Sylt-Westerland	77
FRIESENKATE	Sylt-Westerland	78
GOGÄRTCHEN	Sylt-Kampen	45
GOSCH AM KLIFF	Sylt-Wenningstedt	67
GOURMET ECK	Sylt-Kampen	46
GRANDE PLAGE, LA	Sylt-Kampen	46
GRÜNHOF-STUBEN	Sylt-Keitum	52
HAFENDECK	Sylt-List	56
HARDY AUF SYLT	Sylt-Westerland	78
HUS IN LEE	Sylt-Rantum	61
INGO WILLMS	Sylt-Westerland	79
JENS'NS TAFELFREUDEN	Sylt-Kampen	47
JÖRG MÜLLER	Sylt-Westerland	80
JÜRGEN INGWERSEN	Sylt-Morsum	58
KÄPT'N SELMER STUBE	Sylt-Munkmarsch	60
KAI3	Sylt-Hörnum	42
KAP-HORN	Sylt-Hörnum	42
KIEK IN	Sylt-Westerland	80
KUPFERKANNE	Sylt-Kampen	47
LEYSIEFFER	Sylt-Westerland	80
LUND, CAFÉ	Sylt-Hörnum	42
MANNE PAHL	Sylt-Kampen	48
MARISO	Sylt-Westerland	82
MEERESBLICK	Sylt-Wenningstedt	68
MER, LA	Sylt-List	56
MIRAMAR, RESTAURANT	Sylt-Westerland	83

LUST AUF ...
Deutsch-mediterran
Draußen sitzen

Geile Küche, ja! Aber locker soll es sein. Lust auf ..."Szene & Gourmet"

147

LUST AUF … Draußen sitzen

Draußen sitzen (Fortsetzung)

MORSUM KLIFF	Sylt-Morsum	58
NATURGEWALTEN	Sylt-List	57
OASE	Sylt-Westerland	83
OLIVE	Sylt-Wenningstedt	68
ORTH, CAFÉ	Sylt-Westerland	84
OSTERIA, DIE	Sylt-Westerland	84
PERGOLA, LA	Sylt-Wenningstedt	68
PIUS	Sylt-Keitum	53
RICHTER'S RESTAURANT	Sylt-Rantum	62
RISTORANTE, IL	Sylt-Westerland	85
RIVA	Sylt-Westerland	86
ROSTIGER ANKER	Sylt-Hörnum	44
SALON 1900	Sylt-Keitum	54
SANSIBAR	Sylt-Rantum	62
SEEBLICK	Sylt-Westerland	87
SEEPFERDCHEN SAMOA	Sylt-Rantum	63
SÖL'RING HOF	Sylt-Rantum	64
STADT HAMBURG, BISTRO	Sylt-Westerland	87
STADT HAMBURG, RESTAURAN.	Sylt-Westerland	88
STEAK & HAXEN-HÄUSCHEN	Sylt-Westerland	88
STRICKER, RESTAURANT	Sylt-Tinnum	66
STRÖNHOLT	Sylt-Hörnum	44
STURMHAUBE	Sylt-Kampen	49
SUNSET BEACH	Sylt-Westerland	89
SYLT-KANTINE	Sylt-Westerland	89
SYLT-QUELLE	Sylt-Rantum	64
TAMPE'S RESTAURANT	Sylt-Wenningstedt	69
TEESTUBE, DIE KLEINE	Sylt-Keitum	54
TONI'S RESTAURANT	Sylt-Westerland	90
VOGELKOJE	Sylt-Kampen	50
VOIGT'S ALTE BACKSTUBE	Sylt-List	57
WENNINGSTEDTER KRUG	Sylt-Wenningstedt	69
WIEN, CAFÉ	Sylt-Westerland	91
WIIN KÖÖV	Sylt-Kampen	50
WONNEMEYER	Sylt-Wenningstedt	70
BLAUE MAUS	Amrum-Wittdün	95
HEINRICH, ZUM ALTEN	Amrum-Norddorf	93
HÜTTMANN, DAS KLEINE	Amrum-Norddorf	93
LIKEDEELER	Amrum-Nebel	92
SEEBLICK	Amrum-Norddorf	94
SEEKISTE	Amrum-Nebel	92
UAL ÖÖMRANG WIARTSHÜS	Amrum-Norddorf	94
WEIßE DÜNE	Amrum-Wittdün	96
WELTENBUMMLER	Amrum-Steenodde	95
ALTES LANDHAUS	Föhr-Nieblum	96
AUSTERNFISCHER	Föhr-Wyk	98
DER KLEINE WITT, BISTROR.	Föhr-Nieblum	96
FRANCO, PIZZERIA	Föhr-Wyk	99
GLAUBE, LIEBE, HOFFNUNG	Föhr-Wyk	99
GODE-WIND	Föhr-Wyk	100
IN LUV UN LEE	Föhr-Wyk	100
KLEIN HELGOLAND	Föhr-Wyk	101
KOHSTALL, CAFÉ	Föhr-Nieblum	97
LAURAS RESTAURANT	Föhr-Oevenum	97
PFANNKUCHEN-HAUS, DAS	Föhr-Wyk	101
ROCCA, LA	Föhr-Wyk	102
UAL SKINNE	Föhr-Utersum	98
CASA PICCOLI	Niebüll	102

Zurück zur Natur: Lust auf …"Essen im Grünen".

Henrik G. Vogel / pixelio.de, Bild rechts →

LUST AUF ...
Draußen sitzen – Biergarten
Elsässisch
Feinkost-Imbiss
First Date
Fisch
Französisch
Frühstück nach 12 Uhr

Draußen sitzen – Biergarten

GOSCH AM KLIFF	Sylt-Wenningstedt	67
LUND, CAFÉ	Sylt-Hörnum	42
MORSUM KLIFF	Sylt-Morsum	58
NES PÜK, LANDHAUS	Sylt-Morsum	59
ROSTIGER ANKER	Sylt-Hörnum	44
SYLT-KANTINE	Sylt-Westerland	89
VOGELKOJE	Sylt-Kampen	50
HEINRICH, ZUM ALTEN	Amrum-Norddorf	93
SEEBLICK	Amrum-Norddorf	94
WEIßE DÜNE	Amrum-Wittdün	96
GLAUBE, LIEBE, HOFFNUNG	Föhr-Wyk	99
LAURAS RESTAURANT	Föhr-Oevenum	97

Elsässisch

HARDY AUF SYLT	Sylt-Westerland	78

Feinkost-Imbiss

AUSTERNMEYER	Sylt-List	56

First Date

Erste Wahl fürs erste Ma(h)l

ALTE FRIESENSTUBE	Sylt-Westerland	70
ALTES ZOLLHAUS	Sylt-Westerland	72
KIEK IN	Sylt-Westerland	80
PABLITO	Sylt-Westerland	85
RISTORANTE, IL	Sylt-Westerland	85

Fisch

ALTE BOOTSHALLE	Sylt-List	55
HAFENDECK	Sylt-List	56

Französisch

BREIZH	Sylt-Hörnum	40
SÖL'RING HOF	Sylt-Rantum	64

Frühstück nach 12 Uhr

Teilweise nur am Wochenende

BADEZEIT	Sylt-Westerland	72
BENEN-DIKEN-KÖKKEN	Sylt-Keitum	51
COAST	Sylt-Rantum	60
DIAVOLO	Sylt-Westerland	75
JÜRGEN INGWERSEN	Sylt-Morsum	58
KAMPS CAFÉ	Sylt-Keitum	52
KUPFERKANNE	Sylt-Kampen	47
LEYSIEFFER	Sylt-Westerland	80
MANNE PAHL	Sylt-Kampen	48
MORSUM KLIFF	Sylt-Morsum	58
ORTH, CAFÉ	Sylt-Westerland	84
OSTERIA, DIE	Sylt-Westerland	84
ROSTIGER ANKER	Sylt-Hörnum	44
STADT HAMBURG, BISTRO	Sylt-Westerland	87
STRÖNHOLT	Sylt-Hörnum	44
SYLT-KANTINE	Sylt-Westerland	89
TEESTUBE, DIE KLEINE	Sylt-Keitum	54
VOGELKOJE	Sylt-Kampen	50
WIEN, CAFÉ	Sylt-Westerland	91
HEINRICH, ZUM ALTEN	Amrum-Norddorf	93
HÜTTMANN, DAS KLEINE	Amrum-Norddorf	93

Sonntags Freunde treffen, aber wo? Lust auf ...„Brunch".

Frühstück nach 12 Uhr (Fortsetzung)

SEEBLICK	Amrum-Norddorf	94

Gay

BIERSTUBE	Sylt-Westerland	73
FEIKES	Sylt-Westerland	76

Geschäftsessen

Diskreter Tischabstand, mittags & abends geöffnet, Kreditkarten akzeptiert

54° NORD	Sylt-Westerland	70
ALTE FRIESENSTUBE	Sylt-Westerland	70
ALTER GASTHOF	Sylt-List	55
AUSTERNMEYER	Sylt-List	56
BENEN-DIKEN-KÖKKEN	Sylt-Keitum	51
BIERSTUBE	Sylt-Westerland	73
BLUM'S	Sylt-Westerland	73
BLUM'S FISCHBISTRO	Sylt-Westerland	74
BODENDORF'S	Sylt-Tinnum	65
CASA BIANCA	Sylt-Westerland	74
COAST	Sylt-Rantum	60
DORFKRUG KAMPEN, RESTAUR.	Sylt-Kampen	45
DORFKRUG RANTUM	Sylt-Rantum	61
EBBE & FOOD	Sylt-Westerland	76
FÄHRHAUS	Sylt-Munkmarsch	59
FEIKES	Sylt-Westerland	76
FISCH-HÜS	Sylt-Westerland	77
FRANZ GANSER	Sylt-Westerland	77
GOLF-CLUB SYLT	Sylt-Wenningstedt	67
GOURMET ECK	Sylt-Kampen	46
HAFENDECK	Sylt-List	56
JENS'NS TAFELFREUDEN	Sylt-Kampen	47
JÖRG MÜLLER	Sylt-Westerland	79
KÄPT'N SELMER STUBE	Sylt-Munkmarsch	60
KAI3	Sylt-Hörnum	42
KARSTEN WULFF	Sylt-Keitum	53
MANNE PAHL	Sylt-Kampen	48
MIRAMAR, RESTAURANT	Sylt-Westerland	83
MORSUM KLIFF	Sylt-Morsum	58
NES PÜK, LANDHAUS	Sylt-Morsum	59
OASE	Sylt-Westerland	83
OSTERIA, DIE	Sylt-Westerland	84
SALON 1900	Sylt-Keitum	54
SANSIBAR	Sylt-Rantum	62
SCHAPER'S	Sylt-Rantum	63
SEEPFERDCHEN SAMOA	Sylt-Rantum	63
SÖL'RING HOF	Sylt-Rantum	64
STADT HAMBURG, BISTRO	Sylt-Westerland	87
STADT HAMBURG, RESTAURAN.	Sylt-Westerland	88
STRICKER, RESTAURANT	Sylt-Tinnum	66
STRÖNHOLT	Sylt-Hörnum	44
STURMHAUBE	Sylt-Kampen	49
SYLT-KANTINE	Sylt-Westerland	89
VOGELKOJE	Sylt-Kampen	50
HEINRICH, ZUM ALTEN	Amrum-Norddorf	93
SEEBLICK	Amrum-Norddorf	94
WEIßE DÜNE	Amrum-Wittdün	96
LAURAS RESTAURANT	Föhr-Oevenum	97
PFANNKUCHEN-HAUS, DAS	Föhr-Wyk	101

LUST AUF ...
Frühstück nach 12 Uhr
Gay
Geschäftsessen

Heiße Zeiten, coole Drinks: Lust auf ...„Hoher Flirtfaktor".

LUST AUF ...
Geschäftsessen
Große Runde

Geschäftsessen (Fortsetzung)

| UAL SKINNE | Föhr-Utersum | 98 |

Große Runde

Mehr als sechs an einem Tisch, Reservierung von Vorteil.

54° NORD	Sylt-Westerland	70
ALTE BOOTSHALLE	Sylt-List	55
ALTE FRIESENSTUBE	Sylt-Westerland	70
ALTER GASTHOF	Sylt-List	55
BADEZEIT	Sylt-Westerland	72
BENEN-DIKEN-KÖKKEN	Sylt-Keitum	51
BIERSTUBE	Sylt-Westerland	73
BIIKE	Sylt-Hörnum	40
BLUM'S	Sylt-Westerland	73
BODENDORF'S	Sylt-Tinnum	65
COAST	Sylt-Rantum	60
DORFKRUG KAMPEN, RESTAUR.	Sylt-Kampen	45
EBBE & FOOD	Sylt-Westerland	76
FÄHRHAUS	Sylt-Munkmarsch	59
FEIKES	Sylt-Westerland	76
FRIESENKATE	Sylt-Westerland	78
GOLF-CLUB SYLT	Sylt-Wenningstedt	67
GOURMET ECK	Sylt-Kampen	46
GRÜNHOF-STUBEN	Sylt-Keitum	52
HAFENDECK	Sylt-List	56
JENS'NS TAFELFREUDEN	Sylt-Kampen	47
KÄPT'N SELMER STUBE	Sylt-Munkmarsch	60
KAI3	Sylt-Hörnum	42
KUPFERKANNE	Sylt-Kampen	47
MANNE PAHL	Sylt-Kampen	48
MER, LA	Sylt-List	56
MIRAMAR, COCKTAILBAR	Sylt-Westerland	82
MIRAMAR, RESTAURANT	Sylt-Westerland	83
MORSUM KLIFF	Sylt-Morsum	58
NATURGEWALTEN	Sylt-List	57
NES PÜK, LANDHAUS	Sylt-Morsum	59
OASE	Sylt-Westerland	83
OSTERIA, DIE	Sylt-Westerland	84
PERGOLA, LA	Sylt-Wenningstedt	68
RICHTER'S RESTAURANT	Sylt-Rantum	62
RIVA	Sylt-Westerland	86
ROSTIGER ANKER	Sylt-Hörnum	44
SALON 1900	Sylt-Keitum	54
SANSIBAR	Sylt-Rantum	62
SCHUBERT'S LOUNGE	Sylt-Kampen	48
SEEPFERDCHEN SAMOA	Sylt-Rantum	63
STADT HAMBURG, BISTRO	Sylt-Westerland	87
STEAK & HAXEN-HÄUSCHEN	Sylt-Westerland	88
STRÖNHOLT	Sylt-Hörnum	44
STURMHAUBE	Sylt-Kampen	49
SYLT-KANTINE	Sylt-Westerland	89
SYLT-QUELLE	Sylt-Rantum	64
UTSPANN	Sylt-Westerland	90
VOGELKOJE	Sylt-Kampen	50
WENNINGSTEDTER KRUG	Sylt-Wenningstedt	69
WIEN, CAFÉ	Sylt-Westerland	91
HEINRICH, ZUM ALTEN	Amrum-Norddorf	93
HÜTTMANN, DAS KLEINE	Amrum-Norddorf	93
SEEBLICK	Amrum-Norddorf	94

Ge(chef)tsessen fällig? Wo soll's hingehen? Lust auf ...„Geschäftsessen".

Große Runde (Fortsetzung)

SEEKISTE	Amrum-Nebel	92
UAL ÖÖMRANG WIARTSHÜS	Amrum-Norddorf	94
WEIßE DÜNE	Amrum-Wittdün	96
FRANCO, PIZZERIA	Föhr-Wyk	99
GLAUBE, LIEBE, HOFFNUNG	Föhr-Wyk	99
GODE-WIND	Föhr-Wyk	100
KOHSTALL, CAFÉ	Föhr-Nieblum	97
LAURAS RESTAURANT	Föhr-Oevenum	97
PFANNKUCHEN-HAUS, DAS	Föhr-Wyk	101
ROCCA, LA	Föhr-Wyk	102
UAL SKINNE	Föhr-Utersum	98
CASA PICCOLI	Niebüll	102

Hoher Flirtfaktor

54° NORD	Sylt-Westerland	70
ALTES ZOLLHAUS	Sylt-Westerland	72
BADEZEIT	Sylt-Westerland	72
GOGÄRTCHEN	Sylt-Kampen	45
GRANDE PLAGE, LA	Sylt-Kampen	46
KUPFERKANNE	Sylt-Kampen	47
OSTERIA, DIE	Sylt-Westerland	84
PABLITO	Sylt-Westerland	85
PIUS	Sylt-Keitum	53
RISTORANTE, IL	Sylt-Westerland	85
SALON 1900	Sylt-Keitum	54
SANSIBAR	Sylt-Rantum	62
SEEPFERDCHEN SAMOA	Sylt-Rantum	63
WONNEMEYER	Sylt-Wenningstedt	70
BLAUE MAUS	Amrum-Wittdün	95
GLAUBE, LIEBE, HOFFNUNG	Föhr-Wyk	99

Hotels

Charmant
KAMPS	Sylt-Keitum	105
STRANDHÖRN	Sylt-Wenningstedt	107
HÜTTMANN, ROMANTIK HOTEL	Amrum-Norddorf	109
WEIßE DÜNE	Amrum-Wittdün	110

Familiär
KAPITÄN TADSEN, INSELHOT.	Amrum-Steenodde	110

Ferienhotel
AARNHOOG	Sylt-Keitum	105
WALTER'S HOF	Sylt-Kampen	105
SEEBLICK	Amrum-Norddorf	109

Luxus
BUDERSAND	Sylt-Hörnum	104
FÄHRHAUS	Sylt-Munkmarsch	106
GOLF- & LANDHAUS KAMPEN	Sylt-Kampen	104
GRAND SPA RESORT	Sylt-List	106
JÖRG MÜLLER	Sylt-Westerland	108
MIRAMAR	Sylt-Westerland	108
SÖL'RING HOF	Sylt-Rantum	107
STADT HAMBURG	Sylt-Westerland	109
VILLAGE	Sylt-Kampen	104
VILLA WITT	Föhr-Nieblum	110

Zeitlos
STRICKER, LANDHAUS	Sylt-Tinnum	107
WINDROSE	Sylt-Wenningstedt	108

LUST AUF ...
Imbiss
In-Treff
International
Italienisch

Imbiss

GOSCH AM KLIFF	Sylt-Wenningstedt	67

In-Treff

Die Hotspots der Stadt. Biste drin – biste in.

ALTE BOOTSHALLE	Sylt-List	55
AUSTERNMEYER	Sylt-List	56
BADEZEIT	Sylt-Westerland	72
BODENDORF'S	Sylt-Tinnum	65
CAMPO	Sylt-Westerland	74
CULINARIUM	Sylt-Westerland	75
FÄHRHAUS	Sylt-Munkmarsch	59
GOGÄRTCHEN	Sylt-Kampen	45
GOSCH AM KLIFF	Sylt-Wenningstedt	67
GOURMET ECK	Sylt-Kampen	46
GRANDE PLAGE, LA	Sylt-Kampen	46
HAFENDECK	Sylt-List	56
KÄPT'N SELMER STUBE	Sylt-Munkmarsch	60
KUPFERKANNE	Sylt-Kampen	47
LEYSIEFFER	Sylt-Westerland	80
MANNE PAHL	Sylt-Kampen	48
MARISO	Sylt-Westerland	82
MIRAMAR, COCKTAILBAR	Sylt-Westerland	82
PIUS	Sylt-Keitum	53
SALON 1900	Sylt-Keitum	54
SANSIBAR	Sylt-Rantum	62
SCHACHNER, WEINHAUS	Sylt-Westerland	86
SCHUBERT'S LOUNGE	Sylt-Kampen	48
SEEPFERDCHEN SAMOA	Sylt-Rantum	63
STADT HAMBURG, BISTRO	Sylt-Westerland	87
STRICKER, RESTAURANT	Sylt-Tinnum	66
STURMHAUBE	Sylt-Kampen	49
WIIN KÖÖV	Sylt-Kampen	50
WONNEMEYER	Sylt-Wenningstedt	70
BLAUE MAUS	Amrum-Wittdün	95
SEEKISTE	Amrum-Nebel	92

International

GOLF-CLUB SYLT	Sylt-Wenningstedt	67
KAP-HORN	Sylt-Hörnum	42
OASE	Sylt-Westerland	83
SUNSET BEACH	Sylt-Westerland	89
TONI'S RESTAURANT	Sylt-Westerland	90
WONNEMEYER	Sylt-Wenningstedt	70
IN LUV UN LEE	Föhr-Wyk	100

Italienisch

Edel

RISTORANTE, IL	Sylt-Westerland	85

Familiär

CASA BIANCA	Sylt-Westerland	74
OSTERIA, DIE	Sylt-Westerland	84
PERGOLA, LA	Sylt-Wenningstedt	68
RIVA	Sylt-Westerland	86
FRANCO, PIZZERIA	Föhr-Wyk	99
ROCCA, LA	Föhr-Wyk	102
CASA PICCOLI	Niebüll	102

„Schatz, es wird später." Lust auf ..."Bis 3 dabei/Bis 5 dabei".

Kinderfreundlich

Das Rundum-sorglos-Paket für Eltern

54° NORD	Sylt-Westerland	70
ALTE FRIESENSTUBE	Sylt-Westerland	70
ALTER GASTHOF	Sylt-List	55
AUSTERNMEYER	Sylt-List	56
BADEZEIT	Sylt-Westerland	72
BENEN-DIKEN-KÖKKEN	Sylt-Keitum	51
BIERSTUBE	Sylt-Westerland	73
BIIKE	Sylt-Hörnum	40
BLUM'S FISCHBISTRO	Sylt-Westerland	74
BODENDORF'S	Sylt-Tinnum	65
CASA BIANCA	Sylt-Westerland	74
DORFKRUG KAMPEN, RESTAUR.	Sylt-Kampen	45
EBBE & FOOD	Sylt-Westerland	76
EICHE, ZUR	Sylt-Tinnum	65
FÄHRHAUS	Sylt-Munkmarsch	59
FRIESENKATE	Sylt-Westerland	78
GOLF-CLUB SYLT	Sylt-Wenningstedt	67
GOSCH AM KLIFF	Sylt-Wenningstedt	67
GRANDE PLAGE, LA	Sylt-Kampen	46
HAFENDECK	Sylt-List	56
HARDY AUF SYLT	Sylt-Westerland	78
HUS IN LEE	Sylt-Rantum	61
JÜRGEN INGWERSEN	Sylt-Morsum	58
KÄPT'N SELMER STUBE	Sylt-Munkmarsch	60
KAMPS CAFÉ	Sylt-Keitum	52
KAP-HORN	Sylt-Hörnum	42
KIEK IN	Sylt-Westerland	80
LEYSIEFFER	Sylt-Westerland	80
LILLE KAMP	Sylt-Westerland	82
LUND, CAFÉ	Sylt-Hörnum	42
MANNE PAHL	Sylt-Kampen	48
MARISO	Sylt-Westerland	82
MEERESBLICK	Sylt-Wenningstedt	68
MIRAMAR, RESTAURANT	Sylt-Westerland	83
MORSUM KLIFF	Sylt-Morsum	58
NES PÜK, LANDHAUS	Sylt-Morsum	59
OASE	Sylt-Westerland	83
OLIVE	Sylt-Wenningstedt	68
ORTH, CAFÉ	Sylt-Westerland	84
OSTERIA, DIE	Sylt-Westerland	84
PERGOLA, LA	Sylt-Wenningstedt	68
RICHTER'S RESTAURANT	Sylt-Rantum	62
RISTORANTE, IL	Sylt-Westerland	85
RIVA	Sylt-Westerland	86
ROSTIGER ANKER	Sylt-Hörnum	44
SALON 1900	Sylt-Keitum	54
SANSIBAR	Sylt-Rantum	62
SEEBLICK	Sylt-Westerland	87
SEEPFERDCHEN SAMOA	Sylt-Rantum	63
STADT HAMBURG, BISTRO	Sylt-Westerland	87
STEAK & HAXEN-HÄUSCHEN	Sylt-Westerland	88
STRICKER, RESTAURANT	Sylt-Tinnum	66
STURMHAUBE	Sylt-Kampen	49
SYLT-KANTINE	Sylt-Westerland	89
SYLT-QUELLE	Sylt-Rantum	64
TAPPE'S	Sylt-Kampen	49
TONI'S RESTAURANT	Sylt-Westerland	90

LUST AUF …
Kinderfreundlich
Leute gucken

Kinderfreundlich (Fortsetzung)

VOGELKOJE	Sylt-Kampen	50
VOIGT'S ALTE BACKSTUBE	Sylt-List	57
WENNINGSTEDTER KRUG	Sylt-Wenningstedt	69
WIEN, CAFÉ	Sylt-Westerland	91
WONNEMEYER	Sylt-Wenningstedt	70
HEINRICH, ZUM ALTEN	Amrum-Norddorf	93
HÜTTMANN, DAS KLEINE	Amrum-Norddorf	93
LIKEDEELER	Amrum-Nebel	92
SEEBLICK	Amrum-Norddorf	94
SEEKISTE	Amrum-Nebel	92
UAL ÖÖMRANG WIARTSHÜS	Amrum-Norddorf	94
WELTENBUMMLER	Amrum-Steenodde	95
ALTES LANDHAUS	Föhr-Nieblum	96
AUSTERNFISCHER	Föhr-Wyk	98
ERWINS IMBISS	Föhr-Wyk	98
FRANCO, PIZZERIA	Föhr-Wyk	99
GODE-WIND	Föhr-Wyk	100
IN LUV UN LEE	Föhr-Wyk	100
KOHSTALL, CAFÉ	Föhr-Nieblum	97
LAURAS RESTAURANT	Föhr-Oevenum	97
PFANNKUCHEN-HAUS, DAS	Föhr-Wyk	101
ROCCA, LA	Föhr-Wyk	102
UAL SKINNE	Föhr-Utersum	98
CASA PICCOLI	Niebüll	102

Leute gucken

Im Blick: Schickeria & Hoffnungsträger

54° NORD	Sylt-Westerland	70
AARNHOOG TEE- & KAFFEE-S.	Sylt-Keitum	51
ALTE BOOTSHALLE	Sylt-List	55
BADEZEIT	Sylt-Westerland	72
BLUM'S	Sylt-Westerland	73
BREIZH	Sylt-Hörnum	40
DIAVOLO	Sylt-Westerland	75
EBBE & FOOD	Sylt-Westerland	76
FÄHRHAUS	Sylt-Munkmarsch	59
FISCH-HÜS	Sylt-Westerland	77
GOGÄRTCHEN	Sylt-Kampen	45
GOLF-CLUB SYLT	Sylt-Wenningstedt	67
GOSCH AM KLIFF	Sylt-Wenningstedt	67
GRANDE PLAGE, LA	Sylt-Kampen	46
INGO WILLMS	Sylt-Westerland	79
KUPFERKANNE	Sylt-Kampen	47
LEYSIEFFER	Sylt-Westerland	80
LUND, CAFÉ	Sylt-Hörnum	42
MANNE PAHL	Sylt-Kampen	48
MEERESBLICK	Sylt-Wenningstedt	68
MIRAMAR, RESTAURANT	Sylt-Westerland	83
OASE	Sylt-Westerland	83
ORTH, CAFÉ	Sylt-Westerland	84
SANSIBAR	Sylt-Rantum	62
SCHUBERT'S LOUNGE	Sylt-Kampen	48
SEEPFERDCHEN SAMOA	Sylt-Rantum	63
STADT HAMBURG, RESTAURAN.	Sylt-Westerland	88
STRÖNHOLT	Sylt-Hörnum	44
STURMHAUBE	Sylt-Kampen	49
TEESTUBE, DIE KLEINE	Sylt-Keitum	54
WIEN, CAFÉ	Sylt-Westerland	91

Leute gucken (Fortsetzung)

WIIN KÖÖV	Sylt-Kampen	50
WONNEMEYER	Sylt-Wenningstedt	70
GLAUBE, LIEBE, HOFFNUNG	Föhr-Wyk	99
KLEIN HELGOLAND	Föhr-Wyk	101
ROCCA, LA	Föhr-Wyk	102
CASA PICCOLI	Niebüll	102

Mediterran

ALTES ZOLLHAUS	Sylt-Westerland	72
BODENDORF'S	Sylt-Tinnum	65
JENS'NS TAFELFREUDEN	Sylt-Kampen	47
MARISO	Sylt-Westerland	82
OLIVE	Sylt-Wenningstedt	68
SALON 1900	Sylt-Keitum	54
WENNINGSTEDTER KRUG	Sylt-Wenningstedt	69

Mehr erleben – Essen am Wasser

Blick auf Fluss, Teich, See oder Meer

ALTE BOOTSHALLE	Sylt-List	55
ALTER GASTHOF	Sylt-List	55
BADEZEIT	Sylt-Westerland	72
BIIKE	Sylt-Hörnum	40
BREIZH	Sylt-Hörnum	40
FÄHRHAUS	Sylt-Munkmarsch	59
GRANDE PLAGE, LA	Sylt-Kampen	46
HAFENDECK	Sylt-List	56
KÄPT'N SELMER STUBE	Sylt-Munkmarsch	60
KAI3	Sylt-Hörnum	42
KUPFERKANNE	Sylt-Kampen	47
MEERESBLICK	Sylt-Wenningstedt	68
MIRAMAR, RESTAURANT	Sylt-Westerland	83
NATURGEWALTEN	Sylt-List	57
OASE	Sylt-Westerland	83
SANSIBAR	Sylt-Rantum	62
SCHAPER'S	Sylt-Rantum	63
SEEBLICK	Sylt-Westerland	87
SEEPFERDCHEN SAMOA	Sylt-Rantum	63
SÖL'RING HOF	Sylt-Rantum	64
STRÖNHOLT	Sylt-Hörnum	44
STURMHAUBE	Sylt-Kampen	49
SUNSET BEACH	Sylt-Westerland	89
SYLT-QUELLE	Sylt-Rantum	64
WONNEMEYER	Sylt-Wenningstedt	70
LIKEDEELER	Amrum-Nebel	92
WEIßE DÜNE	Amrum-Wittdün	96
WELTENBUMMLER	Amrum-Steenodde	95
AUSTERNFISCHER	Föhr-Wyk	98
KLEIN HELGOLAND	Föhr-Wyk	101
ROCCA, LA	Föhr-Wyk	102

Mehr erleben – Essen im Grünen

COAST	Sylt-Rantum	60
EBBE & FOOD	Sylt-Westerland	76
FITSCHEN AM DORFTEICH	Sylt-Wenningstedt	66
GOLF-CLUB SYLT	Sylt-Wenningstedt	67
KAMPS CAFÉ	Sylt-Keitum	52
KARSTEN WULFF	Sylt-Keitum	53
LILLE KAMP	Sylt-Westerland	82

LUST AUF ...
Leute gucken
Mediterran
Mehr erleben – Essen am Wasser
Mehr erleben – Essen im Grünen

Geile Küche, ja! Aber locker soll es sein. Lust auf ...„Szene & Gourmet"

Mehr erleben – Essen im Grünen (Fortsetzung)

NES PÜK, LANDHAUS	Sylt-Morsum	59
SCHAPER'S	Sylt-Rantum	63
TAPPE'S	Sylt-Kampen	49

Mehr erleben – tolle Aussicht

Malerischer Blick in die Idylle

BADEZEIT	Sylt-Westerland	72
BIIKE	Sylt-Hörnum	40
BREIZH	Sylt-Hörnum	40
FEIKES	Sylt-Westerland	76
FITSCHEN AM DORFTEICH	Sylt-Wenningstedt	66
GOSCH AM KLIFF	Sylt-Wenningstedt	67
GRANDE PLAGE, LA	Sylt-Kampen	46
HAFENDECK	Sylt-List	56
KÄPT'N SELMER STUBE	Sylt-Munkmarsch	60
KAP-HORN	Sylt-Hörnum	42
KUPFERKANNE	Sylt-Kampen	47
MEERESBLICK	Sylt-Wenningstedt	68
MIRAMAR, COCKTAILBAR	Sylt-Westerland	82
MIRAMAR, RESTAURANT	Sylt-Westerland	83
NATURGEWALTEN	Sylt-List	57
OSTERIA, DIE	Sylt-Westerland	84
SCHAPER'S	Sylt-Rantum	63
SEEBLICK	Sylt-Westerland	87
SEEPFERDCHEN SAMOA	Sylt-Rantum	63
SÖL'RING HOF	Sylt-Rantum	64
STRÖNHOLT	Sylt-Hörnum	44
STURMHAUBE	Sylt-Kampen	49
SYLT-QUELLE	Sylt-Rantum	64
TAPPE'S	Sylt-Kampen	49
WONNEMEYER	Sylt-Wenningstedt	70
LIKEDEELER	Amrum-Nebel	92
SEEBLICK	Amrum-Norddorf	94
SEEKISTE	Amrum-Nebel	92
WELTENBUMMLER	Amrum-Steenodde	95
KLEIN HELGOLAND	Föhr-Wyk	101
ROCCA, LA	Föhr-Wyk	102

Mehr erleben – über den Dächern

Genuss auf hoher Dachterrasse

ALTER GASTHOF	Sylt-List	55

Neue deutsche Küche

ALTER GASTHOF	Sylt-List	55
BIIKE	Sylt-Hörnum	40
DORFKRUG KAMPEN, RESTAUR.	Sylt-Kampen	45
KÄPT'N SELMER STUBE	Sylt-Munkmarsch	60
KARSTEN WULFF	Sylt-Keitum	53
SEEBLICK	Sylt-Westerland	87
STRICKER, RESTAURANT	Sylt-Tinnum	66
STRÖNHOLT	Sylt-Hörnum	44
TAMPE'S RESTAURANT	Sylt-Wenningstedt	69
LIKEDEELER	Amrum-Nebel	92
SEEKISTE	Amrum-Nebel	92
DER KLEINE WITT, BISTROR.	Föhr-Nieblum	96
LAURAS RESTAURANT	Föhr-Oevenum	97

Mike Nottebrock / pixelio.de, Bild rechts →

LUST AUF ...
Neue internationale Küche
Parken vor der Tür

Neue internationale Küche

AARNHOOG TEE- & KAFFEE-S.	Sylt-Keitum	51
ADMIRALS STUBEN	Sylt-Wenningstedt	66
BENEN-DIKEN-KÖKKEN	Sylt-Keitum	51
EBBE & FOOD	Sylt-Westerland	76
FÄHRHAUS	Sylt-Munkmarsch	59
FEIKES	Sylt-Westerland	76
FITSCHEN AM DORFTEICH	Sylt-Wenningstedt	66
FLORIANS ESS.ZIMMER	Sylt-Keitum	51
FRANZ GANSER	Sylt-Westerland	77
GOGÄRTCHEN	Sylt-Kampen	45
GOURMET ECK	Sylt-Kampen	46
HUS IN LEE	Sylt-Rantum	61
INGO WILLMS	Sylt-Westerland	79
JÖRG MÜLLER	Sylt-Westerland	80
JÖRG MÜLLER	Sylt-Westerland	79
KAI3	Sylt-Hörnum	42
KIEK IN	Sylt-Westerland	80
MIRAMAR, RESTAURANT	Sylt-Westerland	83
MORSUM KLIFF	Sylt-Morsum	58
SANSIBAR	Sylt-Rantum	62
SCHAPER'S	Sylt-Rantum	63
SEEPFERDCHEN SAMOA	Sylt-Rantum	63
STADT HAMBURG, RESTAURAN.	Sylt-Westerland	88
STURMHAUBE	Sylt-Kampen	49
SYLT-QUELLE	Sylt-Rantum	64
TAPPE'S	Sylt-Kampen	49
VOGELKOJE	Sylt-Kampen	50
WEB-CHRISTEL	Sylt-Westerland	91
HEINRICH, ZUM ALTEN	Amrum-Norddorf	93
SEEBLICK	Amrum-Norddorf	94

Parken vor der Tür

Nicht garantiert, aber ausreichend eigene Parkplätze beim Lokal, ab 8 E-Punkten.

ALTER GASTHOF	Sylt-List	55
BENEN-DIKEN-KÖKKEN	Sylt-Keitum	51
BODENDORF'S	Sylt-Tinnum	65
EBBE & FOOD	Sylt-Westerland	76
FÄHRHAUS	Sylt-Munkmarsch	59
FLORIANS ESS.ZIMMER	Sylt-Keitum	51
FRANZ GANSER	Sylt-Westerland	77
GOURMET ECK	Sylt-Kampen	46
HARDY AUF SYLT	Sylt-Westerland	78
INGO WILLMS	Sylt-Westerland	79
JENS'NS TAFELFREUDEN	Sylt-Kampen	47
JÖRG MÜLLER	Sylt-Westerland	79
JÖRG MÜLLER	Sylt-Westerland	80
KÄPT'N SELMER STUBE	Sylt-Munkmarsch	60
KAI3	Sylt-Hörnum	42
KARSTEN WULFF	Sylt-Keitum	53
KIEK IN	Sylt-Westerland	80
MANNE PAHL	Sylt-Kampen	48
MER, LA	Sylt-List	56
MORSUM KLIFF	Sylt-Morsum	58
OLIVE	Sylt-Wenningstedt	68
SCHAPER'S	Sylt-Rantum	63
SEEPFERDCHEN SAMOA	Sylt-Rantum	63
SÖL'RING HOF	Sylt-Rantum	64

Parken vor der Tür (Fortsetzung)

STRICKER, RESTAURANT	Sylt-Tinnum	66
TAMPE'S RESTAURANT	Sylt-Wenningstedt	69
TAPPE'S	Sylt-Kampen	49
HEINRICH, ZUM ALTEN	Amrum-Norddorf	93
SEEBLICK	Amrum-Norddorf	94

Pay-TV-Sportsbar

54° NORD	Sylt-Westerland	70
ALTER GASTHOF	Sylt-List	55
EBBE & FOOD	Sylt-Westerland	76
SCHUBERT'S LOUNGE	Sylt-Kampen	48
WENNINGSTEDTER KRUG	Sylt-Wenningstedt	69
SEEBLICK	Amrum-Norddorf	94

Rauchen erlaubt

Raucher und Nichtraucher in einem Raum oder blauer Dunst im abgeschlossenen Raum

AARNHOOG TEE- & KAFFEE-S.	Sylt-Keitum	51
ALTER GASTHOF	Sylt-List	55
BENEN-DIKEN-KÖKKEN	Sylt-Keitum	51
BIERSTUBE	Sylt-Westerland	73
BLUM'S	Sylt-Westerland	73
DORFKRUG KAMPEN, RESTAUR.	Sylt-Kampen	45
DORFKRUG RANTUM	Sylt-Rantum	61
EICHE, ZUR	Sylt-Tinnum	65
FISCH-HÜS	Sylt-Westerland	77
GOLF-CLUB SYLT	Sylt-Wenningstedt	67
GOURMET ECK	Sylt-Kampen	46
INGO WILLMS	Sylt-Westerland	79
KAP-HORN	Sylt-Hörnum	42
MANNE PAHL	Sylt-Kampen	48
MER, LA	Sylt-List	56
MIRAMAR, COCKTAILBAR	Sylt-Westerland	82
MIRAMAR, RESTAURANT	Sylt-Westerland	83
OSTERIA, DIE	Sylt-Westerland	84
RICHTER'S RESTAURANT	Sylt-Rantum	62
ROSTIGER ANKER	Sylt-Hörnum	44
SCHUBERT'S LOUNGE	Sylt-Kampen	48
SÖL'RING HOF	Sylt-Rantum	64
STRICKER, RESTAURANT	Sylt-Tinnum	66
STURMHAUBE	Sylt-Kampen	49
VOGELKOJE	Sylt-Kampen	50
BLAUE MAUS	Amrum-Wittdün	95
SEEBLICK	Amrum-Norddorf	94
GLAUBE, LIEBE, HOFFNUNG	Föhr-Wyk	99
ROCCA, LA	Föhr-Wyk	102

Regional

CULINARIUM	Sylt-Westerland	75

Romantik

Ideal für Lovestorys, gut zum Näherkommen, ab 8 A-Punkten.

ALTE FRIESENSTUBE	Sylt-Westerland	70
DORFKRUG KAMPEN, RESTAUR.	Sylt-Kampen	45
KIEK IN	Sylt-Westerland	80
KUPFERKANNE	Sylt-Kampen	47
MIRAMAR, RESTAURANT	Sylt-Westerland	83
SÖL'RING HOF	Sylt-Rantum	64

LUST AUF ...
Romantik
Sehenswertes
Ambiente
Sexy Food

Romantik (Fortsetzung)

STADT HAMBURG, BISTRO	Sylt-Westerland	87
STRICKER, RESTAURANT	Sylt-Tinnum	66
WEB-CHRISTEL	Sylt-Westerland	91
DER KLEINE WITT, BISTROR.	Föhr-Nieblum	96
LAURAS RESTAURANT	Föhr-Oevenum	97
UAL SKINNE	Föhr-Utersum	98

Sehenswertes Ambiente

Hier waren Fachleute am Werk: Schick, Stil und Flair, ab 8 A-Punkten!

ALTE FRIESENSTUBE	Sylt-Westerland	70
ALTER GASTHOF	Sylt-List	55
ALTES ZOLLHAUS	Sylt-Westerland	72
BIIKE	Sylt-Hörnum	40
DORFKRUG KAMPEN, RESTAUR.	Sylt-Kampen	45
FÄHRHAUS	Sylt-Munkmarsch	59
GOGÄRTCHEN	Sylt-Kampen	45
KAI3	Sylt-Hörnum	42
KIEK IN	Sylt-Westerland	80
KUPFERKANNE	Sylt-Kampen	47
MER, LA	Sylt-List	56
MIRAMAR, RESTAURANT	Sylt-Westerland	83
SANSIBAR	Sylt-Rantum	62
STADT HAMBURG, RESTAURAN.	Sylt-Westerland	88
STRÖNHOLT	Sylt-Hörnum	44
WEB-CHRISTEL	Sylt-Westerland	91
WENNINGSTEDTER KRUG	Sylt-Wenningstedt	69
UAL SKINNE	Föhr-Utersum	98

Sexy Food

Ungewöhnliche Köstlichkeiten, niemals volle Teller. Genuss ohne Reue!

ALTE FRIESENSTUBE	Sylt-Westerland	70
ALTES ZOLLHAUS	Sylt-Westerland	72
BIIKE	Sylt-Hörnum	40
COAST	Sylt-Rantum	60
FLORIANS ESS.ZIMMER	Sylt-Keitum	51
GOGÄRTCHEN	Sylt-Kampen	45
GOURMET ECK	Sylt-Kampen	46
GRANDE PLAGE, LA	Sylt-Kampen	46
INGO WILLMS	Sylt-Westerland	79
JENS'NS TAFELFREUDEN	Sylt-Kampen	47
JÖRG MÜLLER	Sylt-Westerland	80
JÖRG MÜLLER	Sylt-Westerland	79
KIEK IN	Sylt-Westerland	80
MARISO	Sylt-Westerland	82
MER, LA	Sylt-List	56
MORSUM KLIFF	Sylt-Morsum	58
OLIVE	Sylt-Wenningstedt	68
SÖL'RING HOF	Sylt-Rantum	64
WIIN KÖÖV	Sylt-Kampen	50
HEINRICH, ZUM ALTEN	Amrum-Norddorf	93
DER KLEINE WITT, BISTROR.	Föhr-Nieblum	96
IN LUV UN LEE	Föhr-Wyk	100
LAURAS RESTAURANT	Föhr-Oevenum	97

Shop & Stop

Ideal für die Shopping-Pause

BIERSTUBE	Sylt-Westerland	73
BLUM'S	Sylt-Westerland	73
CAMPO	Sylt-Westerland	74
FRIESENKATE	Sylt-Westerland	78
JÜRGEN INGWERSEN	Sylt-Morsum	58
KAMPS CAFÉ	Sylt-Keitum	52
LEYSIEFFER	Sylt-Westerland	80
ORTH, CAFÉ	Sylt-Westerland	84
SCHACHNER, WEINHAUS	Sylt-Westerland	86
SUNSET BEACH	Sylt-Westerland	89
SYLT-KANTINE	Sylt-Westerland	89
WIIN KÖÖV	Sylt-Kampen	50

Stark für den Euro

Überraschend preiswert für diese Qualität, ab 8 E-Punkten.

FRANZ GANSER	Sylt-Westerland	77
INGO WILLMS	Sylt-Westerland	79
KÄPT'N SELMER STUBE	Sylt-Munkmarsch	60
OLIVE	Sylt-Wenningstedt	68
RISTORANTE, IL	Sylt-Westerland	85
TAMPE'S RESTAURANT	Sylt-Wenningstedt	69
DER KLEINE WITT, BISTROR.	Föhr-Nieblum	96

Szene & Gourmet

Tolle Küche für szenige Gäste-Schar

ALTE BOOTSHALLE	Sylt-List	55
ALTES ZOLLHAUS	Sylt-Westerland	72
BODENDORF'S	Sylt-Tinnum	65
CULINARIUM	Sylt-Westerland	75
FLORIANS ESS.ZIMMER	Sylt-Keitum	51
FRANZ GANSER	Sylt-Westerland	77
GOGÄRTCHEN	Sylt-Kampen	45
GOURMET ECK	Sylt-Kampen	46
INGO WILLMS	Sylt-Westerland	79
JENS'NS TAFELFREUDEN	Sylt-Kampen	47
JÖRG MÜLLER	Sylt-Westerland	79
JÖRG MÜLLER	Sylt-Westerland	80
KÄPT'N SELMER STUBE	Sylt-Munkmarsch	60
MANNE PAHL	Sylt-Kampen	48
MER, LA	Sylt-List	56
MORSUM KLIFF	Sylt-Morsum	58
OLIVE	Sylt-Wenningstedt	68
PIUS	Sylt-Keitum	53
RISTORANTE, IL	Sylt-Westerland	85
SANSIBAR	Sylt-Rantum	62
SCHACHNER, WEINHAUS	Sylt-Westerland	86
SEEPFERDCHEN SAMOA	Sylt-Rantum	63
STADT HAMBURG, BISTRO	Sylt-Westerland	87
STRICKER, RESTAURANT	Sylt-Tinnum	66
STURMHAUBE	Sylt-Kampen	49
TAPPE'S	Sylt-Kampen	49
VOGELKOJE	Sylt-Kampen	50
WENNINGSTEDTER KRUG	Sylt-Wenningstedt	69
WIIN KÖÖV	Sylt-Kampen	50
DER KLEINE WITT, BISTROR.	Föhr-Nieblum	96
LAURAS RESTAURANT	Föhr-Oevenum	97

LUST AUF ...
Tapas-Bar
Typisch für die Stadt
Vinothek
W-LAN Hotspot
Weinstube

Tapas-Bar

PABLITO	Sylt-Westerland	85

Typisch für die Stadt

ALTE BOOTSHALLE	Sylt-List	55
BLUM'S FISCHBISTRO	Sylt-Westerland	74
BODENDORF'S	Sylt-Tinnum	65
FÄHRHAUS	Sylt-Munkmarsch	59
HUS IN LEE	Sylt-Rantum	61
KARSTEN WULFF	Sylt-Keitum	53
KIEK IN	Sylt-Westerland	80
LILLE KAMP	Sylt-Westerland	82
ORTH, CAFÉ	Sylt-Westerland	84
PIUS	Sylt-Keitum	53
SEEPFERDCHEN SAMOA	Sylt-Rantum	63
STURMHAUBE	Sylt-Kampen	49
TEESTUBE, DIE KLEINE	Sylt-Keitum	54
WONNEMEYER	Sylt-Wenningstedt	70

Vinothek

SCHACHNER, WEINHAUS	Sylt-Westerland	86

W-LAN Hotspot

Drahtlos ins Netz.

54° NORD	Sylt-Westerland	70
AARNHOOG TEE- & KAFFEE-S.	Sylt-Keitum	51
ALTER GASTHOF	Sylt-List	55
BENEN-DIKEN-KÖKKEN	Sylt-Keitum	51
BIERSTUBE	Sylt-Westerland	73
BIIKE	Sylt-Hörnum	40
EBBE & FOOD	Sylt-Westerland	76
GOSCH AM KLIFF	Sylt-Wenningstedt	67
JÜRGEN INGWERSEN	Sylt-Morsum	58
KÄPT'N SELMER STUBE	Sylt-Munkmarsch	60
NES PÜK, LANDHAUS	Sylt-Morsum	59
SALON 1900	Sylt-Keitum	54
SCHAPER'S	Sylt-Rantum	63
SCHUBERT'S LOUNGE	Sylt-Kampen	48
STADT HAMBURG, BISTRO	Sylt-Westerland	87
STADT HAMBURG, RESTAURAN.	Sylt-Westerland	88
WENNINGSTEDTER KRUG	Sylt-Wenningstedt	69
HEINRICH, ZUM ALTEN	Amrum-Norddorf	93
SEEBLICK	Amrum-Norddorf	94
GLAUBE, LIEBE, HOFFNUNG	Föhr-Wyk	99
KLEIN HELGOLAND	Föhr-Wyk	101
LAURAS RESTAURANT	Föhr-Oevenum	97
PFANNKUCHEN-HAUS, DAS	Föhr-Wyk	101
ROCCA, LA	Föhr-Wyk	102
UAL SKINNE	Föhr-Utersum	98

Weinstube

PIUS	Sylt-Keitum	53
WIIN KÖÖV	Sylt-Kampen	50

„Schatz, es wird später." Lust auf ...„Bis 3 dabei/Bis 5 dabei".

ORTE-INDEX

AMRUM

Nebel
Achterdeck, Dat 30
Friesen-Café 31
Likedeeler 92
Seekiste 92

Norddorf
Fischbäcker, Zum 31
Heinrich, Zum Alten 93
Hüttmann, Das kleine 93
Hüttmann, Romantik Hotel 109
Muschelsucher, Die 33
Neptun 33
Seeblick 94, 109
Strand 33 34
Ual Öömrang Wiartshüs 94

Steerrodde
Kapitän Tadsen, Inselhotel 110
Weltenbummler 95

Wittdün
Blaue Maus 95
Butt'ze 30
Heide Kate 31
Insel Praline 32
Klabautermann 32
Seefohrerhus 34
Steuerrad, Zum 34
Weiße Düne 96, 110

FESTLAND

Dagebüll
Dagebüll, Strandhotel 36
Strandhotel Dagebüll, Restaurant 34

Niebüll
Alten Schmiede, Zur 30
Casa Piccoli 102
Taverne Rhodos 35
Wattwurm 35

Rodenäs
Rickelsbüller Hof 36

FÖHR

Midlum
Midlumer Krog 33

Nieblum
Altes Landhaus 96
Bistrot, Le 30
Der kleine Witt, Bistrorant 96
Föhrer Kerzenscheune & Teestube 31
Kohstall, Café 97
Lauras Restaurant 97
Lohdeel 32
Schlachter, Restaurant Zum 34
Villa Witt 110

Utersum
Knudsen, Gasthaus 32
Post, Zur 33
Ual Skinne 98

Wyk
13, Die 30
Atlantis 36
Austernfischer 98
Erdbeerparadies 31
Erwins Imbiss 98
Flaschen-Post 31
Franco, Pizzeria 99
Glaube, Liebe, Hoffnung 99
Gode-Wind 100
In Luv un Lee 100
Klein Helgoland 101
Kurhaus Hotel 36
No Eins 33
Pfannkuchen-Haus, Das 101
Rocca, La 102
Steigleder, Café 34
Strandhotel 37

SYLT

Hörnum
Biike 40
Breizh 40
Budersand 104
Fisch Matthiesen 40
KAI3 42
Kap-Horn 42
Lund, Café 42
Rostiger Anker 44
Rüm Hart 34
Sonniger Süden 34
Strönholt 44
Südkap 34

ORTE-INDEX

Kampen
Dorfkrug Kampen, Restaurant 45
Gogärtchen 45
Golf- & Landhaus Kampen 104
Gourmet Eck 46
Grande Plage, La 46
Isola im Kaamp Hüs 32
Jens'ns Tafelfreuden 47
Kupferkanne 47
Manne Pahl 48
Odin 33
Pony 33
Rauchfang 33
Reethüs, Hotel 36
Reiterbar 33
Rotes Kliff, Club 33
Rungholt, Hotel 36
Schubert's Lounge 48
Sturmhaube 49
Tappe's 49
Village 104
Vogelkoje 50
Walter's Hof 105
Wiin Kööv 50

Keitum
Aarnhoog 105
Aarnhoog Tee- & Kaffee-Stuuv 51
Benen-Diken-Hof 36
Benen-Diken-Kökken 51
Florians ess.zimmer 51
Grünhof-Stuben 52

KAMPs 105
KAMPs Café 52
Karsten Wulff 53
Kleine Küchenkate 32
Nettes Inn 33
Nielsen's Kaffeegarten 33
Pius 53
Salon 1900 54
Seiler Hof 36
Sünhair 34
Teestube, Die kleine 54

List
Alte Backstube 30
Alte Bootshalle 55
Alter Gasthof 55
Austernmeyer 56
Bam-Bus 30
Grand SPA Resort 106
Hafendeck 56
Knurrhahn 32
Königshafen 32
L. A. Sylt 32
Mer, La 56
Naturgewalten 57
Nördlichste Fischbude 33
Piratennest 33
Voigt's Alte Backstube 57
Weststrandhalle 35

Morsum
Fränkische Weinstuben 31
Jürgen Ingwersen 58
Morsum Kliff 58

Morsumer Kayser 33
Nes Pük, Landhaus 59

Munkmarsch
Fährhaus 59, 106
Käpt'n Selmer Stube 60
Mühle, Zur 33

Rantum
Coast 60
Dorfhotel Sylt 36
Dorfkrug Rantum 61
Hus In Lee 61
Richter's Restaurant 62
Sansibar 62
Schaper's 63
Seepferdchen Samoa 63
Söl'ring Hof 64, 107
Strandmuschel 34
Sylt-Quelle 64
Tadjem Deel 34
Watthof 37

Tinnum
Blum's Fischspezialitäten 30
Bodendorf's 65
Eiche, Zur 65
Stricker, Landhaus 107
Stricker, Restaurant 66

Wenningstedt
Admirals Stuben 66
Blum's Fischspezialitäten 30
Fitschen am Dorfteich 66
Golf-Club Sylt 67

ORTE-INDEX

Gosch am Kliff 67
Kliffkieker 32
Meeresblick 68
Olive 68
Pergola, La 68
Strandbistro 34
Strandhörn 107
Sylter Domizil 37
Tampe's Restaurant 69
Wenningstedter Krug 69
Windrose 108
Wonnemeyer 70

Westerland
54° Nord 70
Achter Dünem 36
Alte Friesenstube 70
Altes Zollhaus 72
American Bistro 30
Arko 30
Badezeit 72
Bierstube 73
Block House 30
Blum's 73
Blum's Fischbistro 74
Caffè Fellini 30
Campo 74
Casa Bianca 74
Cohibar 30
Compass 30
Culinarium 75
Diavolo 75
Ebbe & Food 76
Extrablatt, Café 31
Feikes 76
Fisch-Hüs 77
Franz Ganser 77
Friesenkate 78
Gatz 31
Gosch Kneipe 31
Hardy auf Sylt 78
Hendl Haus 31
Ingo Willms 79
Irish Pub 32
Jever Stube 32
Jörg Müller 79-80, 108
Jörg Müller 32
Kellermeier's 32
Kiek In 80
Kulisse 32
Leysieffer 80
Lille Kamp 82
Lucky's 32
Luzifer 32
Mariso 82
Mateika, Café 32
Miramar 108
Miramar, Cocktailbar 82
Miramar, Restaurant 83
Möller's Kleines Restaurant 33
Münchner Hahn 33
Oase 83
Orth, Café 84
Osteria, Die 84
Pablito 85
Ristorante, Il 85
Riva 86
Roth, Hotel 36
Schachner, Weinhaus 86
Schneckenhaus 34
Seeblick 87
Seeteufel 34
Stadt Hamburg 109
Stadt Hamburg, Bistro 87
Stadt Hamburg, Restaurant 88
Steak & Haxen-Häuschen 88
Sunset Beach 89
Sylt-Kantine 89
Thommy's Musikcafé 35
Toni's Restaurant 90
Utspann 90
Web-Christel 91
Wien, Café 91
Wirtshaus Glöck'l 35
Wunderbar 35
Zauberbude 35

SYLT

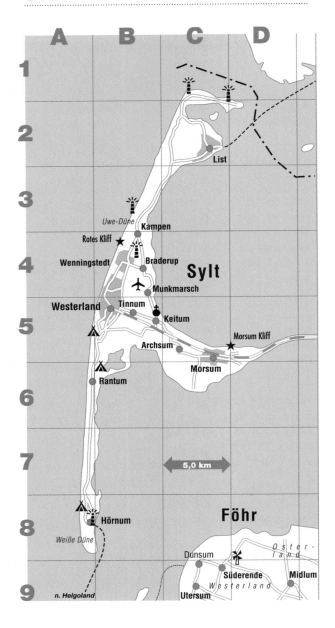

Ab 7 Tests:
1 Marcellino's Ihrer Wahl!
Ihr Wunschbuch:

Versand im April 2012: Hotel Report, Mallorca, Sylt
Versand im Oktober 2011: Berlin, Bremen, Deutschland Report, Dresden, Düsseldorf, Frankfurt, Hamburg, Hannover, Köln, Leipzig, München, Nürnberg, Rhein-Neckar, Ruhrgebiet, Stuttgart.

Ab 14 Tests:
Zusätzlich ein Marcellino's-Pin! Zeigen Sie allen, dass Sie zur Tester-Community von Marcellino's gehören.

Ab 21 Tests:
Sie nehmen zusätzlich an unserer Großen Verlosung teil. Voraussetzung: Sie haben auch nebenstehende Zusatz-Umfrage ausgefüllt.

1. Preis
Italienischer Kaffee-Genuss von De'Longhi
Der Premium-Vollautomat PrimaDonna Avant
www.delonghi.de

2. Preis
Die Rückkehr der Legende
Der 10-teilige Messerblock aus der Serie TWIN Four Star II
www.zwilling.com

3. Preis
Grenzenloses Kochvergnügen
3 x die Spring VULCANO Premium-Bratpfanne
www.spring.ch

Restaurant: La Traviata	Besucht am: 10.03.2011

Str., Ort: Pestostr. 13, 44444 Nudelburg

Essen	Trinken	Service	Atmosphäre
3	7	5	8

Kommentar: Pseudo-Edel-Italiener mit Spiegelbar, auf Jugendstil getrimmt. Extrem schickes Publikum, das sich gerne mit Signora und Dottore begrüßen lässt. Geschulte Bedienung mit reichlich gespreizten Attitüden bringt z. B. Bruchsal-Spargel mit Parmesan und Schinken - oh Gott oh Gott!
Kleiner Lichtblick: die Cassata mit perfekter Konsistenz. Interessante Weinkarte.

Immer wieder [X] Nie wieder [ ] Gute-Laune-Lokal [X]

Restaurant: _____ Besucht am: _____
Str., Ort: _____
Essen [ ] Trinken [ ] Service [ ] Atmosphäre [ ]
Kommentar:

Immer wieder [ ] Nie wieder [ ] Gute-Laune-Lokal [ ]

Restaurant: _____ Besucht am: _____
Str., Ort: _____
Essen [ ] Trinken [ ] Service [ ] Atmosphäre [ ]
Kommentar:

Immer wieder [ ] Nie wieder [ ] Gute-Laune-Lokal [ ]

Seitenmarker: GENIAL · STARK · GUT · GEHT SO · NIE WIEDER

Zusatz-Umfrage

Durch Ausfüllen aller Zusatzfragen nehmen Sie an unserer Großen Verlosung im Oktober 2011 teil!

1. Von 14 Mahlzeiten / Woche (7 mittags, 7 abends)
   ___ x esse ich im Restaurant / Lokal
   ___ x hole / ordere ich vom Lokal ins Büro / nach Hause
   ___ x bereite + esse ich zu Hause
   ___ x lasse ich Mahlzeiten aus

2. Im Restaurant / Lokal gebe ich Ø €____ / Person aus.

3. Trinkgeld gebe ich Ø ___ %.

4. Meine Lieblingsküche ist _____

5. Andere Restaurant-Führer: Welche lesen Sie?
   - ( ) Michelin
   - ( ) Gault Millau
   - ( ) Gutscheinbücher
   - ( ) Stadtmagazin-Ausgaben
   - ( ) andere _____

6. Warum nutzen Sie Marcellino's?
   _____
   _____
   _____

7. Mein Alter ___ Mein Beruf _____

8. Mein Nettoeinkommen _____

9. Marcellino's nutze ich ca. __ x / Monat, außer mir noch __ Personen

Meine Anschrift: ☐ Frau ☐ Herr

Name: _____

Vorname: _____

Str.: _____

PLZ/Ort: _____

Tel./Fax: _____

E-Mail: _____

☐ Ich möchte **nicht**, dass mein Name im Buch erscheint.

Restaurant:	Besucht am:

Str., Ort:

Essen		Trinken		Service		Atmosphäre	

Kommentar:

Immer wieder		Nie wieder		Gute-Laune-Lokal	

Restaurant:	Besucht am:

Str., Ort:

Essen		Trinken		Service		Atmosphäre	

Kommentar:

Immer wieder		Nie wieder		Gute-Laune-Lokal	

GENIAL • STARK • GUT • GEHT SO • NIE WIEDER

Restaurant:	Besucht am:

Str., Ort:

Essen		Trinken		Service		Atmosphäre	

Kommentar:

Immer wieder		Nie wieder		Gute-Laune-Lokal	

Das Gäste-Urteil sagt mehr als tausend Worte: „In dieses Lokal gehe ich nie wieder" – für den Flop gibt's nur einen Punkt. Den Abend als „genial" empfunden? Das sind verdiente 10 Punkte! Damit nicht alles in einen Topf geworfen wird, gibt es vier verschiedene Kategorien: Essen, Trinken, Service und Atmosphäre.

Her mit Ihrem Senf! Entweder mit diesem Testbogen oder auf www.marcellinos.de. Einfach kostenlos registrieren und schon können Sie Dampf ablassen! Und das Beste: Mit sieben abgegebenen Tests sichern Sie sich Ihren Wunsch-Marcellino's gratis! Bei mehr – mehr!

Der Gäste-Test des Monats! Alle vier Wochen küren wir den witzigsten, spritzigsten, ehrlichsten Gäste-Test. Die Gewinner kassieren neben Ruhm und Ehre tolle Prämien. Mehr Infos? www.marcellinos.de

Einsendeschluss für die Marcellino's Frühjahrs-Ausgaben ist immer der 15. Dezember, für die Herbst-Ausgaben der 15. Mai. Es warten tolle Dreifach-Gewinne auf Sie oder Ihre Freunde, Kollegen etc. Also: Mit-Testen und weitersagen! Ihre Tests schicken Sie an:

Fax: (0211) 300 66 930

Marcellino's AG
Guides & Services
Kaistraße 12 Atelierhaus
40221 Düsseldorf

Restaurant:			Besucht am:
Str., Ort:			
Essen ☐	Trinken ☐	Service ☐	Atmosphäre ☐

Kommentar:

Immer wieder ☐   Nie wieder ☐   Gute-Laune-Lokal ☐

Restaurant:			Besucht am:
Str., Ort:			
Essen ☐	Trinken ☐	Service ☐	Atmosphäre ☐

Kommentar:

Immer wieder ☐   Nie wieder ☐   Gute-Laune-Lokal ☐

Scale: 1 – 10

GENIAL · STARK · GUT · GEHT SO · NIE WIEDER

Restaurant:			Besucht am:
Str., Ort:			
Essen ☐	Trinken ☐	Service ☐	Atmosphäre ☐

Kommentar:

Immer wieder ☐   Nie wieder ☐   Gute-Laune-Lokal ☐

Sagen Sie uns, wie es wirklich is(s)t.

GÄSTE-URTEIL

Restaurant Report

Mit-Testen & gewinnen!

Sie sind die Basis für unsere Arbeit: die Gäste-Tests.
Bei Marcellino's sagen Gäste, **wie es wirklich is(s)t!** Keine Restaurant-Kritiker, sondern Leute wie „du & ich" kommen zu Wort.

Mehr als 20.000 Gäste-Tests erreichen uns jährlich. Die knackigsten Gäste-Zitate werden Teil des Kommentars im Buch. Erkennbar an den „Anführungszeichen". Gemixt, verbraten und abgeschmeckt von unseren Lokalredakteuren vor Ort. Eine gute Mischung! Welche Lokale ins Buch kommen, bestimmt die Anzahl der abgegebenen Tests.

Marcellino's AG
www.marcellinos.de

Restaurant:	Besucht am:

Str., Ort:

Essen	Trinken	Service	Atmosphäre

Kommentar:

Immer wieder	Nie wieder	Gute-Laune-Lokal

Restaurant:	Besucht am:

Str., Ort:

Essen	Trinken	Service	Atmosphäre

Kommentar:

Immer wieder	Nie wieder	Gute-Laune-Lokal

Restaurant:	Besucht am:

Str., Ort:

Essen	Trinken	Service	Atmosphäre

Kommentar:

Immer wieder	Nie wieder	Gute-Laune-Lokal